国語力トレーニング
400問

NHK放送文化研究所
日本語プロジェクト
NHK Broadcasting Culture Research Institute

UN263919

生活人新書
233

NHK出版

はじめに

日本語には、言わなくても自分の考えや気持ちが通じるという意味の「以心伝心」ということばがありますが、やはり円滑なコミュニケーションをするうえでは、適切なことばが欠かせません。

テレビを見たり新聞を読んだりしながら「あれ、このことばはどんな意味だったのか」「このことばはおかしい」と思うことが、みなさんにもあるでしょう。「自由自在にことばを使いたい」「ちょっとした会話にもユーモアや蘊蓄《うんちく》をはさむことができたらいいのに」と思うこともあると思います。

特に最近は、若い人が使うことばの数が減ってきて、いわゆる「ワンパターン」の表現が増えているとも言われています。また、年配の人が言ったことばの意味がわからず、推測で理解したつもりになって失敗をしてしまったという声も聞きます。

この『国語力トレーニング400問』は、『国語力アップ400問』、続編『国語力もっとアップ400問』に続いて刊行するもので、NHK放送文化研究所が、平成十四（二〇〇二）年度からホームページに掲載している「国語力テスト」の平成十八年度分の「国語常識問題」と「漢字問題」をまとめ、ホームページでは掲載できなかった解説と、各問題の正答率をつけたものです。

「国語力テスト」では、平成十五年度から、合格点を目指していただくだけでなく、一つのことばに二つ以上の意味や読みがあってどちらが正しいと決めがたいものについて選択式で意見を聞く、「あなたは多数派？ 少数派？」というコーナーを設けました。

ことばは多数決で決まるわけではありませんが、世の中の人はどのように考えているかをインターネット上で即時に見られるようにしたもので、「ことばが好きな人の広場」としての意味合いがあります。

本書では巻末に「あなたは多数派？ 少数派？」で集計した中から、現在意味がゆれていることばの一端を「あなたは、どっち派？」として紹介しています。これも、毎月四〇〇〇人を超えるみなさんのご協力の賜物《たまもの》です。

みなさんが、ことばに少しでも興味を持っていただき、豊かなコミュニケーションができるきっかけになればと、解説はやさしく、さらに蘊蓄も含めて筆を進めています。問題を解くだけではなく、楽しみながら国語力をつけていただけるものと思います。

平成十九年十月

ＮＨＫ放送文化研究所　所長
榊原　一

《本書の説明》

問題は「国語常識問題」二十問、「漢字問題」二十問で、一回となっています。全部で十回、あわせて四〇〇問です。

「国語常識問題」は選択式、「漢字問題」は記述式です。

「漢字問題」の読みの問題には、常用漢字表にない字、または読みが含まれています。

この問題は、インターネットのＮＨＫ放送文化研究所のホームページに掲載した「国語力テスト」で、実際に出題されたものです。http://www.nhk.or.jp/bunken/

それぞれの問題のページの裏に、正答と解説を掲載しています。

解説の正答の下に記したパーセントは、「国語力テスト」の平成十八（二〇〇六）年五月から、平成十九（二〇〇七）年二月までの問題に挑戦したみなさんの成績（正答率）です。なお、類似した問題も一部含まれています。ご了承ください。

ご自分の成績と比較して、「国語力」のレベルを知る目安になさってください。

また、巻末で、「あなたは、どっち派？」（一八五ページ）として、現在使い方がゆれていることばの用法の一端を塩田雄大が紹介しています。参考になさってください。

国語常識問題 1

第1問　（　　）に入ることばはどれでしょうか。

（　　）良ければすべて良し

①はじめ　②おわり　③なかば

第2問　次の四字熟語の意味はどれでしょうか。

一朝一夕

①一日一日を大切に生きること
②短い時間・期間のこと
③初めがなければ終わりもないこと

第3問　次の表現で、正しいのはどれでしょうか。

①学生はすべからく、勉強すべきだ。
②大事件はすべからく、ありがたくないものである。
③生きとし生けるもの、すべからく、ここに集まれ！

難易度：★★☆　合格点：80点以上

第1問　② おわり　正答率80％
最後を飾ることを「掉尾《ちょうび》（慣用読みでは「とうび」）を飾る」と言う。初めがよくても途中や最後がよくないと評価されないのが世の常である。

第2問　② 短い時間・期間のこと　正答率75％
「いっちょういっせき」と読む。わずか一日という短い時間を示す。

第3問　① 学生はすべからく、勉強すべきだ。　正答率44％
「すべからく」は「当然なすべきこと」を示し、「べし」で受けることが多い。誤って「すべて」という意味で使う人がいるので気をつけたい。

国語常識問題 1

第4問　次の表現で、正しいのはどれでしょうか。

①**火の出る勢い**　②**とんぼ返り**　③**歯目をはずす**

第5問「いいかげん」に漢字を当てるとすればどれでしょうか。

①**良い加減**　②**好い加減**　③**言い加減**

第6問（　　）に入るのは次のどれでしょうか。

地団駄（じだんだ）を（　　）

①**履（は）く**　②**踏む**　③**食う**

第7問　次の表現で、正しいのはどれでしょうか。

①**武者修業に出る**

②**末後の水をとらせる**

③**すでに疲労困憊（ぱい）だ**

第4問　②とんぼ返り　正答率68％

①は「日の出の勢い」、③は「羽目（破目）をはずす」。「羽目（破目）」と書くのが普通だが、意味は馬のくつわの口にはめる部分である「馬銜《はみ》（食《は》み）」からきているというのが有力な説である。

第5問　②好い加減　正答率41％

「良」は「性質や成績がよいこと」、「好」は「このましい、すぐれている」という違いがある。「加減」は「好ましくしてほしい」ものなので②が正解。

第6問　②踏む　正答率96％

「地団駄」は「地《じ》踏鞴《たたら》」が変化したもの。「たたら」は「大きなふいご」なので「踏む」わけである。

第7問　③すでに疲労困憊（ぱい）だ　正答率41％

正しくは、「武者修行」「末期の水」である。「修行」は「武術や芸能、仏道などを修めること」で、技術だけでなく精神的な面を含む。「修業」は「学問や技芸を身につけること」で、「板前修業・花嫁修業」などと使われる。「末期」は「人が死ぬ際」のこと。「まっき」と読むと「期間の終わり」のことになるが、人生の最後の場合は「まつご」。

国語常識問題 1

第8問　次の（　　）に入るのはどれでしょうか。

窮すれば（　　）

① **鈍する**
② **通ず**
③ **貧する**

第9問　次の（　　）に入るのはどれでしょうか。

（　　）が煮えかえる

① **臓**
② **腹**
③ **腸**

第10問　次の表現で、正しいのはどれでしょうか。

① **（会社の受付で）田中課長はおりますか。**
② **（外部からの電話で）山本部長は今おでかけになっています。**
③ **（外部へ電話をするとき）所長の鈴木はまもなくうかがいます。**

第8問　②通ず　正答率50％

困ったときに一生懸命努力すると案外道は開けるという意味だが、似たことばに「貧すれば鈍する」というのがある。貧しいと頭の働きが鈍くなり、品性が落ちるという意味だ。

第9問　③腸　正答率31％

「腹が煮える」という言い方があるが、「煮え（くり）かえる」のは、「はらわた」である。「腹に一物」「腹に落ちる」「腹に据えかねる」「腹に収める」「腹を立てる」「腹を探る」など腹についての言い回しは多い。

第10問　③（外部へ電話をするとき）所長の鈴木はまもなくうかがいます。　正答率87％

「おる」は「いる」の謙譲語であり身内についてしか使えない。「いらっしゃいますか」が尊敬語になる。「おでかけになる」は「出かける、外出する」の尊敬語で、身内については言えない。敬語ではこの「内外」の関係を示すことばが難しいので、注意が必要である。

国語常識問題 1

第11問　次の表現で、正しいのはどれでしょうか。

①そんなことは、夢でも思わなかった。
②そんなことは、夢にも思わなかった。
③そんなことは、夢とも思わなかった。

第12問　次の表現で、誤っているのはどれでしょうか。

①お楽しみになってください
②お楽しみにしてください
③お楽しみになさられてください

第13問　次の表現で、誤っているのはどれでしょうか。

①彼は股袴の臣だ
②内職で糊口をしのいだ
③あやうく虎口を脱した

第11問　②そんなことは、夢にも思わなかった。　正答率96%

「夢にも」が正解。「私でも思わない」「夢とも思えない」などの言い方はある。「夢」の成句には、「夢のまた夢」「夢は五臓の疲れ（わずらい）」「夢の通い路《じ》」「夢を託する」などがある。

第12問　③お楽しみになさられてください　正答率34%

「なさられてください」は「なさってください」に「られ」という尊敬の助動詞を加えたものである。いわゆる二重敬語で誤用とされるので気をつけたい。

第13問　①彼は股肱の臣だ　正答率28%

「ココウ」という熟語の問題。「糊口」は「口を糊《のり》する（かゆをすする意味）」という成句で、「糊口をしのぐ」は、ぎりぎりの生活をするという意味で使われる。「虎口」は危機、危難で「虎口を逃れて竜穴に入る」（一難去ってまた一難）ということもあるのでくれぐれもご用心。「股肱《ここう》の臣」は「足の股《もも》と手の肱《ひじ》」で手足のように使える配下のこと。

国語常識問題 ❶

第14問　次の表現で、正しいのはどれでしょうか。

①先生、母は、あした学校にいらっしゃいます。

②先生、母は、あした学校にお見えになります。

③先生、母は、あした学校に参ります。

第15問　「懐柔する」の正しい意味は次のどれでしょうか

①賄賂（わいろ）をもらう　②優しくいたわる　③手なずける

第16問　次の表現で、正しいのはどれでしょうか。

①頭をかしげる

②首をかしげる

③顔をかしげる

第17問　次の表現で、正しいのはどれでしょうか。

①馬脚を現す　②馬脚を出す　③馬脚を示す

第14問　③ 先生、母は、あした学校に参ります。　正答率 97％

「来る、行く」の謙譲語は「参る」。自分や話し手側の人が来ること。「いらっしゃる」は尊敬語で、相手が来ること。「お見えになる」も尊敬語だが、直接「来る」を表現するのではなく「（姿が）見える」と婉曲的に表現するので、敬意の度合いが一段高い言い方だと考える人もいる。

第15問　③ 手なずける　正答率 72％

賄賂をもらうのは「収賄」、いたわるのは「慰撫《いぶ》・慰藉《いしゃ》」。「懐柔」は上手に話して自分の意のままに動くようにすることであり、ややアンフェアな感じを持つ人もいる。

第16問　② 首をかしげる　正答率 96％

「かしげる」というのは斜めに傾けること。このほか、頭や顔を使った表現には、「頭をひねる」「顔をしかめる・顔が潰《つぶ》れる」などがある。

第17問　① 馬脚を現す　正答率 72％

「馬脚」は馬の足だが、「現す」とは芝居の張りぼての馬から、足の役を担当している演じ手の姿が見えること。「馬脚を露《あらわ》す」とも書く。

国語常識問題 1

第18問　次の表現で、正しいのはどれでしょうか。

①足もとがおぼつきません
②明るみに出る
③押しも押されぬ

第19問　次の表現で、正しいのはどれでしょうか。

①上や下への大騒ぎ
②上を下への大騒ぎ
③上に下への大騒ぎ

第20問　次の表現で、正しいのはどれでしょうか。

①やるせぬ気がした
②やるせない気がした
③やるせもない気がした

第18問　②明るみに出る　正答率33％

「おぼつかない」は形容詞で、「おぼつき」があるかないかや、「おぼつく」かどうかということではない。③は「押しも押されもしない」が正しい形。「明るみに出る」は誤って「明るみになる」と使われがちだが、「明らかになる」と混交した表現なので注意したい。

第19問　②上を下への大騒ぎ　正答率38％

落語だと「エレベーター会社の宴会」とでも表現されそうだが、「上の物を下へひっくり返すような」という意味である。「上や下へ動き回る」のではないし、「上に行ったり下に行ったり」でもない。

第20問　②やるせない気がした　正答率93％

「やるせない」は「思いを晴らせず悲しい」という意味と「施すべき手段がない」という両方の意味がある。形容詞なので「やるせぬ」とはならない。

漢字問題 1

次の漢字の読み方を答えてください。

第1問　讃歌（　　）

第3問　煎餅（　　）

第5問　頬杖（　　）

第7問　天狗（　　）

第9問　貪欲（　　）

第2問　虚構（　　）

第4問　撫子（　　）

第6問　蹴球（　　）

第8問　操舵（　　）

第10問　挽歌（　　）

難易度：★★☆　合格点：85点以上

第1問　讃歌（さんか）　正答率95％
褒めたたえるための歌。「讃」は常用漢字ではない。「賛歌」に置き換えることが多い。

第2問　虚構（きょこう）　正答率95％

第3問　煎餅（せんべい）　正答率89％
土産物のなかには「せんべえ」「せんぺい」と名づけているものもあるが、読みをつける場合は「せんべい」が正しい。

第4問　撫子（なでしこ）　正答率90％

第5問　頬杖（ほおづえ）　正答率70％
「頬」は単独では「ほほ」とも。

第6問　蹴球（しゅうきゅう）　正答率53％
サッカーを意味する漢字熟語。ほかに籠球《ろうきゅう》（バスケットボール）、排球《はいきゅう》（バレーボール）もある。

第7問　天狗（てんぐ）　正答率97％

第8問　操舵（そうだ）　正答率81％

第9問　貪欲（どんよく）　正答率83％

第10問　挽歌（ばんか）　正答率94％
「挽」は物を引っ張ること。車を引く場合は「輓」を使う。「挽歌」は柩を挽《ひ》いて送るときにうたう歌。また死者を弔う詩歌。

漢字問題 1

次のなかで正しい表記はどれでしょうか。

第11問　昔から続くオオダナの若旦那

①大棚　②大店　③大家

第12問　情状をシンシャクする

①堪酌　②深酌　③斟酌

第13問　ヨウボウカイイな男

①容貌魁偉　②容貌怪異　③容眸怪偉

（　）に入る漢字2字を書いてください。

第14問　千客（　　）

第15問　（　　）一転

第16問　（　　）是色

第11問　②大店　正答率79％

店を指すことばとして「店《たな》」という言い方がある。「御店者《おたなもの》、空き店、店替え、店立て」などのことばがある。「たな」は「店、棚」両方あるので注意。

第12問　③斟酌　正答率49％

「堪」は「カン、タン、たえる」など、「斟」は「シン、くむ」と読む。「斟酌」は二つの漢字ともに「汲む」という意味で、相手の心根《こころね》を推し量る、手加減するという意味だ。

第13問　①容貌魁偉　正答率37％

見かけという意味なので「容貌」。「魁偉」は人並み外れて顔が大きく体格がよく立派なことで、褒めことばである。

第14問　万来　正答率87％

飲食店などでは、お客が多く繁盛するようにとの意味を込めてこの四字を書くことが多い。

第15問　心機　正答率60％

「新規」一転と思う人もいるが、「新たに」ではなく、「心持ち、心の動き」を変えるので「心機」と書く。

第16問　空即　正答率20％

般若心経にある一節で、「色即是空、空即是色」という対語になる。

漢字問題 1

（　）に共通する漢字1字を書いてください。
ただし、読みはすべて異なります。

第17問（　）葉、口（　）、（　）型
第18問（　）紋、羽（　）、（　）装
第19問（　）化、（　）青、（　）色
第20問（　）丘、土（　）、（　）嵐

第17問　紅　正答率23%

「紅型《びんがた》」が難しかったかもしれない。沖縄の伝統的な型染めである。美しい色彩を使い、花鳥風月や山水などの文様をあしらった着物地。

第18問　衣　正答率25%

「衣」は「イ、ころも」が常用漢字の音訓だが、ほかに「エ」という読み方もある。「衣紋《えもん》」は和服の襟の回りに当たるところをいう。「抜き衣紋」は着物の後ろ襟を下げて、うなじのあたりをきれいに見せる着方。

第19問　緑　正答率18%

「緑青《ろくしょう》」は銅や銅の合金に生じる酸化物（さび）で緑色をしている。これが被膜となりそれ以上の酸化を防いでいる。

第20問　砂　正答率59%

「砂」は「サ、シャ、すな」と読む。細かくなると泥に、大きくなると礫《れき》、石、岩という順に大きくなる。

国語常識問題 2

第1問　次の表現で、正しいのはどれでしょうか。

① **彼の左に出る者はない**

② **渦中の栗（くり）を拾う**

③ **これで式典をお開きにする**

第2問　次の四字熟語の意味はどれでしょうか。

海千山千

① **世界は広いということ**

② **世間の表裏を知り尽くしてずる賢いこと**

③ **長生きをすること**

第3問　次の表現で、正しいのはどれでしょうか。

① **世話を切る**

② **話の口火を切る**

③ **大根を千八本に切る**

難易度：★★☆　合格点：85点以上

第1問　③これで式典をお開きにする　正答率59%

①は「右に出る者はない」が正しい。②の正しい表記は「火中」。他人の利益のために、あえて危険をおかすこと。「渦中の人物」は紛争などの当事者。「お開き」は「終了」を忌みことばとしたために反対の「開く」をもって代用した表現。

第2問　②世間の表裏を知り尽くしてずる賢いこと　正答率73%

「海千山千」は「海に千年、山に千年」という意味で、世間の裏表を知り尽くした人を指す。しかし、よい意味ではなく、悪賢いという意味でもっぱら使われる。

第3問　②話の口火を切る　正答率87%

「世話」は見たり焼いたりするもの。大根は千六本に切るので、選択肢の千八本では二本多い。「口火」は火縄銃の点火に使うためのもので「火蓋《ひぶた》を切る」と同じような意味を持つ。

国語常識問題 2

第4問 次の表現で、正しいのはどれでしょうか。

①**君子は食言（しょくげん）せず**
②**葉掘り根掘り聞く**
③**真っ黒い嘘（うそ）**

第5問 上司に対する次の表現で、正しいのはどれでしょうか。

①**ちょっと聞きたいことがあるのですが。**
②**ちょっとうかがいたいことがあるのですが。**
③**ちょっとおたずねになることがあるのですが。**

第6問 （　　）に入るのはどれでしょうか。

（　　）先は闇（やみ）

①**一瞬**
②**一寸**
③**一進**

第4問　①君子は食言（しょくげん）せず　正答率58％

「根掘り葉掘り」「真っ赤な嘘」が普通の言い方。嘘が赤いのは、色合いではなく「明らか」の意味で「赤の他人」と同じ用法である。

「食言」は一度言ったことばを再び口に戻すことを意味し、前と違うことを言ったり、嘘をつくことを意味する。

第5問　②ちょっとうかがいたいことがあるのですが。　正答率94％

職場のように改まった場所で、特に目上の人にものを聞くときには「聞く」の謙譲語「うかがう」あるいは、「お〜する」の形で「お聞きする」を使う。

第6問　②一寸　正答率97％

「一瞬」は短時間を表す言葉なので、「先」には結びつかない。「一進」は「一進一退」の四字熟語の一部。「一寸」は約三センチの長さを表すが「ちょっと」の当て字にも使われるので注意が必要。ここでの読みは「いっすんさき」。

国語常識問題 2

第7問　次の表現で、正しいのはどれでしょうか。

① **そっぽを向く**　② **面の顔が厚い**　③ **粗（あら）を探す**

第8問　（　）に入るのはどれでしょうか。

（　）の思い

① **断心**　② **切腹**　③ **断腸**

第9問　次の表現で、誤っているのはどれでしょうか。

① **万事窮す**　② **へそを曲げる**　③ **花を持たす**

第10問　次の表現で、望ましいものはどれでしょうか。

① **家を出ようとした矢先に雨が降り出した。**
② **家を出ない矢先に雨が降り出した。**
③ **家を出た矢先に雨が降り出した。**

第7問　③粗（あら）を探す　正答率74%

「そっぽを向く」「面の皮が厚い」が正しい形。「粗」は欠点や落ち度。また、魚をおろしたあとの、残った皮や骨をいう。

第8問　③断腸　正答率93%

「はらわた」は煮えかえったり、ちぎれたり、腐ったりすると表現される。「切腹」では実際に腹を切ることになってしまう。この問題では、はらわたがちぎれ、断たれるつらい思いということで「断腸の思い」が正解。

第9問　①万事窮す　正答率34%

へそは、茶を沸かしたり、曲がったりする。「花を持たす」は相手を立てて功や名誉を譲るという意味の、余裕のある行動のこと。もっとも負け惜しみで言うことも多いので、言われたときはよく見極めなければならない。まちがっているのは「万事窮す」。すべてに窮するのではなく、「休す」と書き、もう施すべき方法がないことをいう。「答えに窮する」とは違うので表記に気をつけたい漢字である。

第10問　①家を出ようとした矢先に雨が降り出した。　正答率61%

「矢先」は、まさに何かをしようとした寸前にという意味であり、何かをした直後ではない。②は「家を出ないうちに」、③は「家を出たとたんに」というべきである。

国語常識問題 2

第11問　次の表現で、正しいのはどれでしょうか。

①お客様のおっしゃられたことは……

②おタバコはお吸いになられますか

③もうお目にかかりました

第12問　次の表現で、正しいのはどれでしょうか。

①夏になると旅行に行こう。

②夏になれば旅行に行こう。

③夏になったら旅行に行こう。

第13問　（　　　）に入らないことばはどれでしょうか。

（　　　）を食う

①割（わり）

②粟（あわ）

③肘（ひじ）鉄

第11問　③もうお目にかかりました　正答率44％

「お目にかかる」は「会う」の尊敬語。①、②は「おっしゃる」「お吸いになる」に、さらに尊敬の助動詞をつけた二重敬語なので誤りである。

第12問　③夏になったら旅行に行こう。　正答率92％

外国人が日本語を習うときにまちがえやすいものの一つである。「と」「ば」の後には、「行こう」のような「意思」や「勧誘」の表現はこない。

第13問　②粟（あわ）　正答率40％

「割を食う」の「割」は損得勘定の損を表す。肘鉄は肘鉄砲の略。女性が誘いや申し込みを強く断るという意味もあり、食わされるのはいつも男性と決まっている。②はあわてふためいて口の周りについたつばである「泡」を食うことはあっても、「粟」は食わない。

国語常識問題 2

第14問　（　　）に入ることばはどれでしょうか。

（　　）より団子（だんご）

①飯（めし）
②花
③酒

第15問　次の表現で、正しいのはどれでしょうか。

①虎の衣を借る狐（きつね）
②狐（きつね）につつまれる
③狐（きつね）と狸（たぬき）の化かし合い

第16問　「目を見張る」の正しい意味はどれでしょうか。

①驚いて目を大きく開いて見つめる
②相手を注意深く見る
③人が逃げないように番をする

第14問　②花　正答率99％

ほとんどの人が正解した成句。咲いた桜を見ても腹はふくれないが、団子は実利があるというたとえ。

第15問　③狐（きつね）と狸（たぬき）の化かし合い　正答率61％

①を選んだ人は「衣」ではなく「威」であることを見落としたのだろうか。虎の威厳を笠《かさ》に着てという意味。虎皮を借りているわけではないので書くときには注意。②は「狐に包まれる」のではなく、「抓《つま》まれる」である。

第16問　①驚いて目を大きく開いて見つめる　正答率68％

注意深く見る場合は「目を皿（のよう）にして」と形容する。番をする場合は「目を離さないように」することが肝要だ。「目を見張る」のはすばらしさや手際のよさに感心した場合である。

国語常識問題 2

第17問　次の表現で、正しいのはどれでしょうか。

①　**私の上司に申しあげておきます**
②　**その映画は、もう拝見しましたか**
③　**もう少々、お待ちください**

第18問　次の表現で、正しいのはどれでしょうか。

①　**たおやかなバラの香り**
②　**たおやかな舞の手振り**
③　**たおやかな弓のしなり**

第19問　次の表現で、誤っているのはどれでしょうか。

①　**足がつく**　②　**もみ倒す**　③　**ドジを踏む**

第20問　「束（つか）の間」の「束」はどれでしょうか。

①　**長さの単位**　②　**時間の単位**　③　**重さの単位**

第17問　③もう少々、お待ちください　正答率87％

上司でも同じ会社の場合は「内」の人間である。「外」に対しては尊敬語ではなく、「申し伝えます」または「伝えます」を使うべきだ。「拝見する」は、自分が相手のものを見るときに使う。

第18問　②たおやかな舞の手振り　正答率57％

「たおやか」は主に女性の動作がしとやかで優美なことを表す。姿、形だけではなく、気立てや性質についてもいう。バラの香りには「馥郁《ふくいく》たる」「においやかな」などの形容がふさわしい。

第19問　②もみ倒す　正答率74％

悪いことをして、犯行の糸口をつかまれるのが「足がつく」。「ドジを踏む」の「ドジ」は間抜けな失敗をいう俗語。「ドジを踏む、ドジなまねをする」と使う。何かまずかったり都合の悪いことを表ざたにしないようにするのは「もみ消す」である。

第20問　①長さの単位　正答率31％

「束の間の栄光」などと言われることがあり、時間の短いことを指すのだが、「束」は矢などの長さを測るときに用いられた上代の単位。四本の指を並べて握ったときの長さ。

漢字問題 2

次の漢字の読み方を答えてください。

第1問　葵祭（　　　）
第3問　溺愛（　　　）
第5問　僅差（　　　）
第7問　膝栗毛（　　　）
第9問　捻出（　　　）

第2問　入梅（　　　）
第4問　琴爪（　　　）
第6問　残骸（　　　）
第8問　容貌（　　　）
第10問　灸治（　　　）

難易度：★★☆　合格点：85点以上

第1問　葵祭（あおいまつり）正答率75％
葵祭は京都三大祭りの一つ。上賀茂神社と下鴨神社の祭りで現在は五月十五日。社頭や牛車《ぎっしゃ》を葵蔓《かずら》で飾ったことからの命名。

第2問　入梅（にゅうばい）正答率79％
「梅雨」に入るから入梅。梅の実るころの長雨が「梅雨」。

第3問　溺愛（できあい）正答率96％

第4問　琴爪（ことづめ）正答率41％
琴爪は三本で一セット。五本の指にはめるものではない。

第5問　僅差（きんさ）正答率90％

第6問　残骸（ざんがい）正答率94％

第7問　膝栗毛（ひざくりげ）正答率88％

第8問　容貌（ようぼう）正答率92％

第9問　捻出（ねんしゅつ）正答率96％
「捻」はひねること。最近は「要員を捻出する」のように人についても用いられる。

第10問　灸治（きゅうじ）正答率71％
東洋医学の治療法の一つ。

漢字問題 2

次のなかで正しい表記はどれでしょうか。

第11問　コウゲンを吐く

①広言
②公言
③巧言

第12問　イギを申し立てる

①異議
②異義
③異儀

第13問　ジキを失う

①時機
②時期
③時季

第11問　①広言　正答率28％

「公言」は大勢の前で明言すること。「巧言」は巧みな言葉で「巧言令色少なし仁」という『論語』の言葉もある。

第12問　①異議　正答率87％

「ギ」の音を持つ漢字はたくさんある。「義」は正義、意味などを表し、「儀」は儀式、風格である。②、③の下の漢字を生かす場合は「意義、威儀」と書く。

第13問　①時機　正答率86％

選択肢の三つの熟語は意味がそれぞれ少しずつ異なる。「時機」は何かを行うのにちょうどよいとき、チャンス、機会である。「時期」は何かを行う期間、日付。「時季」は何かを行うのに一番いい季節。「時宜を失する」という言葉もあるが「ジギ」と読む。

漢字問題 2

（　）に入る漢字2字を書いてください。

第14問　羊頭（　　）

第15問　（　　）吐息

第16問　五里（　　）

（　）に共通する漢字1字を書いてください。

第17問　国（　）、怪（　）、底（　）

第18問　（　）色、歓（　）、歌（　）

第19問　（　）書、甲（　）、（　）前

第20問　（　）魚、倒（　）、（　）戸

第14問　狗肉　正答率42％

看板には羊の頭を掲げて、実際には安い狗《いぬ》の肉を売ったという故事から、標榜《ひょうぼう》する物が実体と違うことをいう。ほかに「狗」の付く四字熟語に「鶏鳴狗盗《けいめいくとう》」がある。

第15問　青息　正答率36％

第16問　霧中　正答率80％

「五里・霧中」と二字ずつ切って読まれることが多いため「夢中」という誤解も多い。中国の幻術で五里四方に霧を発生させる術があったといわれ、その「五里霧」の中にいるように周りが見えないという意味。語の構成は「五里霧・中」となる。

第17問　力　正答率41％

第18問　声　正答率43％

出題順に「こわ、セイ、ごえ」と読む。

第19問　板　正答率12％

「板書」は先生が黒板に書くこと。「甲板」は船の「カンパン」。船舶用語では「コウハン」。「板前」はまな板の前に立つ調理人。

第20問　木　正答率18％

出題順に、「モク、ボク、き」と読む。「木魚」は仏具。「倒木」は台風などで倒れた樹木。「木戸」は庭の入り口などに設けられる。

国語常識問題 3

第1問　次の表現で、正しいのはどれでしょうか。

①話をうやぶやにする
②彼はつましい生活をしていた
③しっぽを巻いて相手にしてくれない

第2問　次の四字熟語の意味はどれでしょうか。

奇想天外

①世間に身寄りが一人もいないこと
②考えが普通では思いもよらぬほど奇抜であること
③思いつきだけで、実行力がないこと

第3問　次の表現で、正しい表記はどれでしょうか。

①適格な判断をする
②沈静剤を使用する
③局部的な痛みがある

難易度：★★☆　合格点：85点以上

第1問　②彼はつましい生活をしていた　正答率67％

本当かどうか確かめるとき、「その事ありやなしや（有耶無耶）」の漢字「うやむや」が正しい読み。「つましい」は漢字では「倹しい、約しい」と書き、「慎ましい」とは違う。「しっぽを巻く」のは降参するとき。

第2問　②考えが普通では思いもよらぬほど奇抜であること　正答率97％

珍奇な考えが天の外にまで及ぶこと。

第3問　③局部的な痛みがある　正答率56％

「適格」は「その資格にかなっていること」なので、①のような文では「的確」という表記が正しい。物事が静まるのは「沈静（静かに沈む）する」だが、医師が処方するのは「鎮静（穏やかな状態にする）剤」。

国語常識問題 3

第4問　次の表現で、誤っているのはどれでしょうか。

①肩を貸す
②肩を落とす
③肩を引く

第5問　「食べる」の謙譲語で、正しいのはどれでしょうか。

①召し上がる
②いただく
③お食べになる

第6問　（　）に入らないのはどれでしょうか。

（　）がしれない

①気心
②得体
③本性

第4問　③肩を引く　正答率70％
「肩を貸す」は手助けをすること、「肩を落とす」は落胆した様子。

第5問　②いただく　正答率73％
平成十九（二〇〇七）年に文化審議会の国語分科会は「敬語の指針」を出し、謙譲語を二つに分けた。そのうち謙譲語Ⅰに「いただく」がある。「召し上がる」は相手が食べることの尊敬語、「お〜なる」も相手への敬意を表す。

第6問　③本性　正答率48％
「得体」は正体のこと、「本性」はもともと持っている性質や性格、正体のことである。

国語常識問題 3

第7問　次の表現で、正しいのはどれでしょうか。

① **天国で鬼**
② **膝（ひざ）に覚えがある**
③ **すねをかじる**

第8問　（　）に入るのはどれでしょうか。

（　）に火がつく

① **頭**
② **尻**
③ **脚**

第9問　次の表現で、誤っているのはどれでしょうか。

① **愛想をふりまく**
② **合いの手を入れる**
③ **灰汁（あく）を取る**

第7問　③すねをかじる　正答率89％

「地獄で仏」はあっても天国で鬼には会いたくないもの。「腕に覚えのなぎなた取って」など自分の技術、技量については「腕」を使う。ジョギングが得意であっても膝に覚えがあるのはおかしい。すねをかじられた親は「すねが細る」とこぼす。

第8問　②尻　正答率94％

「頭に火がつく」のはろうそく、「足もとに火がつく」という表現は身近に危険が迫るたとえとして使われるが、「脚」に火がついては手遅れ。

第9問　①愛想をふりまく　正答率37％

「愛想が良い、悪い」とは言うが、ふりまくのは「愛嬌《きょう》」のほうである。「合いの手」はもともとは邦楽で歌と歌の間に入る三味線の独奏部分で、それから、歌や踊りの調子に合わせて聴衆が打つ手拍子や掛け声を言った。さらに転じて、人の話の間に挟むことばや動作を意味するようになった。「灰汁《あく》」は、木を燃やしたあとの灰に水を注いで作ったアルカリ性の水のこと。また、豆や肉を煮ているときに出る渋みや雑物の泡状のものをいう。

国語常識問題 3

第10問　次の表現で、誤っているのはどれでしょうか。

① おざなりな謝罪のことば
② 自分の健康をなおざりにする
③ 管理体制がおざなりにされた

第11問　次の表現で、正しいのはどれでしょうか。

① 飛ぶ鳥をつかまえる勢い
② 首から手が出るほど欲しい
③ 虫の居どころが悪い

第12問　（　）に入らないことばはどれでしょうか。

口が（　）

① 重い
② 堅い
③ 早い

第10問　③管理体制がおざなりにされた　正答率43％

「おざなり」と「なおざり」はよく間違えられる。「おざなり（御座なり）」はその場しのぎのいい加減な対応。「なおざり（等閑）」は注意を払わずに、いい加減にほうっておくことでおろそかにするという意味だ。

第11問　③虫の居どころが悪い　正答率81％

「飛ぶ鳥を落とす勢い」「喉《のど》から手が出るほど欲しい」が正しい表現である。「喉から手が出る」というのは欲しくて欲しくてしかたがないという意味の表現。③は、「ちょっとしたことでも機嫌をそこねるような状態」という意味。ここでいう「虫」とは、人間の体内にあって気分や感情を左右すると考えられているもののこと。

第12問　③早い　正答率66％

「口が重い」はなかなか肝心なことを話さない様子。「口が堅い」は秘密を他人に漏らさない形容。この二つの表現の反対には「口が軽い」が使われる。いくら早口言葉が上手でも「口が早い」とは言わない。

国語常識問題 3

第13問　次のことわざで、誤っているのはどれでしょうか。

① **飼い犬に手をかまれる**
② **覆水盆にかえす**
③ **風前の灯（ともしび）**

第14問　次の表現で、誤っているのはどれでしょうか。

① **猫の手も借りたい**
② **猫の恩返し**
③ **猫をかぶる**

第15問　興ざめたときに白くなるのはどれでしょうか。

① **鼻**　② **頬（ほほ）**　③ **目**

第16問　「無駄・効果がない」ということわざで誤っているのはどれでしょうか。

① **豚に真珠**　② **馬の耳に念仏**　③ **青菜に塩**

第13問 ② 覆水盆にかえす 正答率86％
「覆水盆に返らず」というのは中国の故事。周の時代、貧乏暮らしをしていたときに家を出た妻が、太公望が出世したあとになって、復縁を求めてきた。太公望・呂尚は盆に水を入れ、それを土にこぼし「元に戻せるなら復縁しよう」と言ったとされる。『漢書《かんじょ》』では朱買臣の話だとしている。

第14問 ② 猫の恩返し 正答率91％
猫は故事ことわざではあまり良い役を担っていない。「ねこばば」「猫は三日で恩を忘れる」「猫をかぶる」「猫に小判」「猫の額」などである。「恩返し」で有名なのは「鶴の恩返し」で、木下順二の戯曲『夕鶴』にもなっている。山形県南陽市には鶴布山珍蔵寺があり、「鶴の恩返し」をもとに開かれた寺とされている。

第15問 ① 鼻 正答率49％
「鼻白《はなじろ》む」という表現があまり使われなくなったために正答率が低いのかもしれない。気後れした顔つきや気分を害したときに用いられる。びっくりしたときには「目を白黒させる」と言う。

第16問 ③ 青菜に塩 正答率65％
ほかに「なめくじに塩」という言い方もある。「青菜に塩」は漬物を作るときのことを思い出していただきたい。菜に塩を振るとしんなりする。元気で、血気盛んであったものが、急に萎《な》えることをいう。

国語常識問題 3

第17問　次の表現で、正しいのはどれでしょうか。

① **今、母は家におりません**
② **社長は会社におりますか**
③ **迷子のお子さんがおります**

第18問　次の表現で、誤っているのはどれでしょうか。

① **しなやかな指**　② **しなやかな枝**　③ **しなやかな野菜**

第19問　次の表現で、文法的に正しいのはどれでしょうか。

① **さっそく送らさせていただきます**
② **これから読まさせていただきます**
③ **いまから見させていただきます**

第20問　次の表記で、正しいのはどれでしょうか。

① **口先三寸**　② **自我自賛**　③ **単刀直入**

第17問　①今、母は家におりません　正答率68％

①のように身内が主語の場合は謙譲語を使う。②、③は自分や自分の身内以外のことなので尊敬語を使い「社長は会社にいらっしゃいますか」「迷子のお子さんがいらっしゃいます」と言うべきだ。

第18問　③しなやかな野菜　正答率83％

「しなやか」は弾力があって柔らかに曲がる様子、動作や体がなめらかに動く様子を表すので、野菜にこのことばを使うのはそぐわない。

第19問　③いまから見させていただきます　正答率53％

①、②は「送る」「読む」と五段活用の動詞なので、「送らせて」「読ませて」となり、「さ」は不要。

第20問　③単刀直入　正答率64％

「口先三寸」はときどき聞く表現だが、正しくは「舌先三寸」。人をうまく言いくるめるときに使う、どちらかというと詐欺的な説得。「賛」は、その絵に関しての漢詩などを作り書き入れることを画人以外が行うのが普通である。「自画自賛」は自分が描いた絵に自分で褒め言葉の「賛」を入れるという行為を表す。

漢字問題 3

次の漢字の読み方を答えてください。

第1問　竿灯（　　　）

第2問　末裔（　　　）

第3問　楕円（　　　）

第4問　逢瀬（　　　）

第5問　椎茸（　　　）

第6問　罫線（　　　）

第7問　敬虔（　　　）

第8問　語彙（　　　）

第9問　毅然（　　　）

第10問　鮎漁（　　　）

難易度：★★☆　合格点：80点以上

第1問　竿灯（かんとう）　正答率39％
「竿灯（燈）」は秋田の伝統的な祭り。

第2問　末裔（まつえい）　正答率80％
「裔」は「末裔」のほかには「後裔、余裔、血裔」という熟語がある。

第3問　楕円（だえん）　正答率93％
「楕」は熟語では「楕円」以外には用いない。

第4問　逢瀬（おうせ）　正答率78％
常用漢字では「あう」は「会う、合う」にまとめられているが、「逢《あ》う、遭《あ》う、遇《あ》う」などの漢字があり、使い分けがある。「男女があう」のは「逢う」を使うのが一般的。

第5問　椎茸（しいたけ）　正答率96％

第6問　罫線（けいせん）　正答率80％

第7問　敬虔（けいけん）　正答率52％
「虔」には「慎む」という意味がある。虎が歩く様を形容した漢字であるという説もある。

第8問　語彙（ごい）　正答率76％
「彙」は集めるという意味。

第9問　毅然（きぜん）　正答率68％

第10問　鮎漁（あゆりょう）　正答率74％

漢字問題 3

次のなかで正しい表記はどれでしょうか。

第11問　社会ホショウ

①保証
②保障
③補償

第12問　ヘイコウ感覚

①並行
②平行
③平衡

第13問　エイキを養う

①英気
②鋭気
③鋭騎

第11問　②保障　正答率86％

「ホショウ」の使い分けは難しい。「補償」は相手が被った損害を弁償する場合。「保証」は「品質保証、保証人」など、確実にまちがいがないことを請け合うこと。「保障」は生命、財産、安全などを保護して守ることである。「安全保障、社会保障制度、警備保障」などが主な使い方である。

第12問　③平衡　正答率89％

「並行」は二つ以上のものが並んで進むこと。「平行」は幾何学的に二つの線や面がいくら延びていっても交わらないこと。「三つの仕事を並行して行う」「話し合いは平行線だ」のように使う。「平衡」は物事のバランスがとれていることを表す。

第13問　①英気　正答率43％

次に立ち上がるときに鋭い気合いで、と考えると「鋭気」になってしまうが、正解は「英気」。普通の人よりすぐれた才気、気性のことである。鋭気は「鋭気に満ちた表情」「相手の鋭気をくじく」などと用いる。

漢字問題 3

（　）に入る漢字2字を書いてください。

第14問　比翼（　　）

第15問　（　　）白日

第16問　天衣（　　）

（　）に共通する漢字1字を書いてください。

第17問　（　）色、物（　）、（　）感、福（　）

第18問　（　）安、（　）深、（　）測、面（　）

第19問　（　）質、（　）口、（　）阻、（　）寒

第20問　（　）口、（　）気、（　）事、（　）和

第14問　連理　正答率14%

「比翼の鳥と連理の枝」を四字熟語にしたもの。「比翼の鳥」は中国の想像上の生き物。雌雄それぞれ目と翼が一つで常に一体となって飛ぶということから夫婦仲のよいことをいった。「連理の枝」は枝がほかの木と一緒になり木目まで同じになるという、一心同体ぶりを表す。

第15問　青天　正答率20%

「セイテン」は「晴天」と「青天」があるが、青天は青く澄んだ空。「晴天」は晴れ渡った空で、対語は雨天、曇天。「青天の霹靂《へきれき》」「青天白日」は「青」のほうである。

第16問　無縫　正答率47%

第17問　音　正答率25%

「おと」はどちらかというと物理的な音響、「ね」は音楽的な楽器の音や声。

第18問　目　正答率26%

「ま」と読むものには「目のあたり、目陰、目庇《ひさし》、目交《なか》い」などがある。

第19問　悪　正答率61%

「悪阻」は一般には「つわり」と読み、専門的には「オソ」と音読みする。

第20問　大　正答率8%

原則的には「ダイ、タイ」は音読みの語につき、「おお」は訓読みの語や、生活に慣れ親しんだ単語につく。

国語常識問題 4

第1問　次の表現で、正しいのはどれでしょうか。
①あの役者も手が板についてきた
②歓迎会で、はなむけのことばを述べた
③一事が万事うまくいった

第2問　次の四字熟語の意味はどれでしょうか。
一知半解
①じゅうぶんに理解できていないこと
②少し聞いただけでだいたい理解すること
③なかなか解決策が見つからないこと

第3問　正しい表記はどれでしょうか。
①貴帳面な性格の人
②赤胴色に焼けた肌
③匿名の手紙が届く

難易度：★★☆　合格点：85点以上

第1問　③一事が万事うまくいった　正答率62%

①の「板につく」の「板」は舞台のヒノキ板をいう。役が身についてきたこと、衣装が身につくこと、態度などが地位にふさわしくなることをいう。「板」は「板に掛ける」で上演するという意味にもなる。「板に上《のぼ》す」は舞台ではなく版木のことで「出版」の意味になるので注意。②の「はなむけ（餞・贐）のことば」は旅立ちや門出に贈ることば。歓迎には使わないので注意。

第2問　①じゅうぶんに理解できていないこと　正答率63%

②の意味では四字熟語を用いず「一を聞いて十を知る」という。③の解決策が見つからないのは「暗中模索」。「一知半解」は生かじりの知識でよくわかっていないときに用いる。

第3問　③匿名の手紙が届く　正答率79%

①の「キチョウメン」は「几帳面」と書く。「几帳」は寝殿造りの調度の一種。高さ三、四尺の「几」に帳《とばり》を垂らしたもので、柱になる「几」は角を鋭角に削り、刻みが入っており、きちんとした寸法になっているところから、きちんとしたさまをいうたとえになった。②の「シャクドウイロ」は「赤銅色」。「赤胴《あかどう》」では昔の漫画の『赤胴鈴之助』（福井英一原作、のちに武内つなよしに引き継ぐ）になってしまう。

国語常識問題 4

第4問　次の表現で、誤っているのはどれでしょうか。

①頭が上がらない
②頭をかしげる
③頭に血がのぼる

第5問　「行く」の謙譲語で、正しいのはどれでしょうか。

①お行きになる
②いらっしゃる
③参る

第6問　（　　）に入らないのはどれでしょうか。

（　　）がしれる

①気心
②高（たか）
③底力

第4問　②頭をかしげる　正答率74%

「頭が上がらない」は相手に圧倒されて対等になれないこと。「頭に血がのぼる」のは逆上したさま。「頭に来る」とも言う。②の「かしげる」のは頭ではなく首である。

第5問　③参る　正答率77%

「お〜なる」「いらっしゃる」は尊敬表現。自分が行くことの謙譲語は「参る」と「伺う」である。「明日、参られるのですか」のように謙譲語に尊敬の助動詞をつけて尊敬の意を表そうとする誤りが多いので注意したい。

第6問　③底力　正答率58%

慣用的な表現では「気心がしれる」は相手の気質や気だてをよく知っているということで、熟知の間柄のこと。「高《たか》がしれる」は、程度がわかるという意味。③は慣用的な表現ではないので、正解は③になる。

国語常識問題 4

第7問　次の表現で、正しいのはどれでしょうか。

①**急がば待て**

②**とんでも三分**

③**よだれを流す**

第8問　（　）に入るのはどれでしょうか。

知らぬが（　）

①**損**

②**神**

③**仏**

第9問　次のことわざで、誤っているのはどれでしょうか。

①**正直の胸に神宿る**

②**せいてはことを仕損じる**

③**待てば海路の日和あり**

第7問　③　よだれを流す　正答率54%

①は「急がば回れ」で、急ぐときは遠くても安全な道を行ったほうが結局は早いということ。渋滞を抜けようとして裏道に入って二進《にっち》も三進《さっち》もいかなくなることはよくある。②は「とんでもハップン」ということばをご存じだろうか。戦後まもなく、英語と日本語を適当に交ぜて話していた文体をまねて、「とんでもない」と「ネバーハップン」を混用したもの。漫才で人気を博し流行語の一つになっていた。③の「よだれを流す」は空腹で食べ物を前にした食欲の形容。あるいは、非常に欲しがるさまの表現。

第8問　③　仏　正答率97%

知らなければ何ともないように仏のような柔和な顔をしていられるが、知れば腹が立つというのが本来の意味だが、当人だけが知らないですまし顔でいることをあざけって言う。「見ぬが仏」とも言う。

第9問　①　正直の胸に神宿る　正答率73%

神が宿るのは「正直の頭《こうべ》」。③は根気よく待っていると航海によい凪《なぎ》の日もあろうという意味で、時機を待てという忠告に使われる。②は③とセットで使われることもあるが「急がば回れ」と同じ意味である。

国語常識問題 4

第10問　次の表現で、誤っているのはどれでしょうか。

① 社長は解決策について口をにごした
② A大学に照準を合わせて励んでいる
③ 彼はしたむきな性格だ

第11問　次の表現で、正しいのはどれでしょうか。

① そうは問屋が許さない
② 二の舞を演ずる
③ 笑う家には福来たる

第12問　（　　）に入ることばはどれでしょうか。

出る（　　）は打たれる

① モグラ
② 杭（くい）
③ 釘（くぎ）

第10問　③彼はしたむきな性格だ　正答率75％
「口をにごす」は「ことばをにごす」とも言い、言っていることを中途でやめたり、はっきりと言わずにあいまいな表現に逃げたりすることを言う。「照準を合わせる、照準を定める」は目標をはっきりさせることだが、「照準を当てる」とは言わないので注意したい。③の「したむきな性格」では「下向きな性格」になってしまう。江戸っ子でも「ヒ」と「シ」の区別がつかない人は少なくなったが、ここは「ひたむきな性格」としてもらいたい。

第11問　②二の舞を演ずる　正答率55％
①の「問屋」は「そうは問屋が卸さない」というのが常套句《とう》。③の「福が来たる」のは「笑う門《かど》」である。正解の「二の舞を演ずる」は「前車の轍《てつ》を踏む」と同じ意味で、同じ過ちを繰り返すということ。

第12問　②杭（くい）　正答率90％
出ている釘《くぎ》は服にかぎ裂きを作る元凶だが、ほかと同じような高さに打ち込んでいる杭はでこぼこがあったらうまくないのでたたいて同じ高さにそろえる。出過ぎたことをしたり、少し優れていたりすると足を引っ張られることがあるということ。

国語常識問題 4

第13問　次のことわざで、誤っているのはどれでしょうか。

①**犬が西向きゃ尾は東**
②**犬は一日の恩を一年忘れず**
③**犬も歩けば棒に当たる**

第14問　次の場所で、「所」を「ショ」としか読まないのはどれでしょうか。

①**洗面所**　②**市役所**　③**保健所**

第15問　次の表現で、誤っているのはどれでしょうか。

①**わりを食う**
②**年を食う**
③**財布を食う**

第16問　「三国一の花婿（はなむこ）」の「三国」とは「日本・唐土《もろこし》」とあと一つは。

①**韓国**　②**天竺**　③**越南**

第13問　②犬は一日の恩を一年忘れず　正答率85％

「犬が西向きゃ尾は東」は当たり前だということ。「犬も歩けば棒に当たる」はもともとは「ふらふら出歩いている犬は人に棒で打たれることもある」という意味だったが、現代では「とにかくあちこち歩いていれば思いがけないよいことにも出会うだろう」と変化してきた。②は「犬は三日飼えば三年恩を忘れぬ」が正しい形。

第14問　②市役所　正答率91％

「所」の前の音が「ん」であると「ジョ」と読むことが多い。市役所は「市の役所」であり、「ジョ」と濁ることはない。

第15問　③財布を食う　正答率81％

「わりを食う」の「わり」とは割のこと。損をするという意味で「正直者が割を食う」など不当な扱いの場合によく使われる。「年を食う」は年を無駄にとっているという意味だ。「財布」は食えないが「経費を食う」とは言える。

第16問　②天竺　正答率78％

三国とは、日本と中国、それに仏教発祥の地インド。転じて、世界全体という意味。③の越南《えつなん》はベトナムのこと。

国語常識問題 4

第17問　次の表現で、誤っているのはどれでしょうか。

①茶々を入れる
②お茶をひく
③お茶を澄ます

第18問　次の表現で、正しいのはどれでしょうか。

①先生に、ご覧いただきました。
②先生に、拝見していただきました。
③先生に、お目にかけていただきました。

第19問　手紙の結語として誤っているのはどれでしょうか。

①敬具　②啓上　③謹白

第20問　次の四字熟語の表記で、正しいのはどれでしょうか。

①一連托生　②半信半擬　③不倶戴天

第17問　③お茶を澄ます　正答率77％

「茶々を入れる」は横からよけいなことを言ったり手を出したりすること。「お茶をひく」は芸者や遊女がお客がなく、仕事ができずに暇であること。③は「お茶を濁す」という表現はある。いい加減なことを言ってその場をごまかすこと。

第18問　①先生に、ご覧いただきました。　正答率54％

「見る」の謙譲表現が「拝見する」なので②は適切ではない。「お目にかける」は自分が持っているものを見てもらう場合なので「いただく」はつながらない。「敬語表現では尊敬と謙譲を混ぜて使ってはいけない」という原則がある。

第19問　②啓上　正答率56％

手紙の頭語と結語はセットになっている。たとえば「拝啓」は「敬具」で結び、「前略」は「草々」「かしこ」、「謹啓」は「謹白」と対になる。「啓上」は頭語。「一筆啓上」と使うのが普通だ。

第20問　③不倶戴天《ふぐたいてん》　正答率35％

「一蓮托生《いちれんたくしょう》」は、仏教の考えで、死後同じ蓮の葉の上に生まれ変わること。多くは失敗したときにも行動や運命をともにするという意味で使われる。「半信半疑」は信じられるかどうかよくわからないときに使う。「不倶戴天《ふぐたいてん》」はともに天をいただかずという意味で、一緒にこの世で生きていくのはいやだというほど嫌うこと。

漢字問題 4

次の漢字の読み方を答えてください。

第1問　**蒼天**（　　　　）

第2問　**隕石**（　　　　）

第3問　**爽快**（　　　　）

第4問　**爬虫類**（　　　　）

第5問　**蘭学**（　　　　）

第6問　**編纂**（　　　　）

第7問　**哺乳**（　　　　）

第8問　**組紐**（　　　　）

第9問　**盂蘭盆**（　　　　）

第10問　**波濤**（　　　　）

難易度：★☆☆　合格点：90点以上

第1問　蒼天（そうてん）　正答率84％
「蒼」は青いということだが、青は青でも草の色、深緑という意味もある。

第2問　隕石（いんせき）　正答率97％

第3問　爽快（そうかい）　正答率99％

第4問　爬虫類（はちゅうるい）　正答率97％
ワニ、亀《かめ》、トカゲ、蛇などの動物。「爬《は》」は「爪でひっかく、地をはう」という意味。

第5問　蘭学（らんがく）　正答率99％
「蘭」はオランダの略。かつてオランダは「阿蘭陀、和蘭」と書かれていた。

第6問　編纂（へんさん）　正答率78％
多くの材料を集めて書物を編集すること。百科事典、国語辞典、教科書、社史など膨大な資料をもとにするときに使われる。

第7問　哺乳（ほにゅう）　正答率98％

第8問　組紐（くみひも）　正答率87％

第9問　盂蘭盆（うらぼん）　正答率51％

第10問　波濤（はとう）　正答率68％
「波」の意味の漢字は多い。「波、浪、漣、瀾、濤（涛）」が使われる。「波濤」はうねりの大きな海の波のこと。

漢字問題 4

次のなかで正しい表記はどれでしょうか。

第11問　ここがシアンのしどころだ

①試案
②思案
③私案

第12問　ショセンを飾る

①初戦
②処戦
③諸戦

第13問　試合をユウセイに進める

①優勢
②優性
③優生

第11問　②思案　正答率91%

①の「試案」は試みの案、たたき台にする案。③の「私案」は個人としての案、個人の「試案」。②は考えをめぐらすこと。心配事のことも言う。

第12問　①初戦　正答率89%

③の「諸戦」は「緒戦」なら正解だが、「諸戦」では「もろもろのいくさ」という意味になってしまう。「緒戦」は「ショセン」と読むが「チョセン」という慣用読みも通用している。「初戦」、「緒戦」いずれも似た意味だが、「緒戦」は序盤の意味が強いのに対して、「初戦」は初めての試合ということになる。

第13問　①優勢　正答率99%

「優性、優生」は、ともに遺伝学で使われることばである。この場合は「試合の形勢」なので「優勢」が適当である。

漢字問題 4

（　）に入る漢字2字を書いてください。

第14問（　　）蒼然

第15問（　　）山千

第16問（　　）引水

（　）に共通する漢字1字を書いてください。

第17問　雨（　）、（　）海、（　）母、（　）雀

第18問（　）屋、（　）主、（　）元、（　）来

第19問（　）食、（　）紋、羽（　）、（　）装

第20問（　）月、（　）当、近（　）、（　）傘

第14問　古色　正答率22%
「蒼然《そうぜん》」は古びて色がさめているさま。褒める場合には「古色を帯びる」を用いるのがよい。

第15問　海千　正答率78%
海に千年、山に千年住んだ蛇は竜になるということから、世間の裏表をよく知っていることを言う。しかし、これは褒めことばではないので、使い方には注意が必要だ。

第16問　我田　正答率74%
人に分けずに自分の田にだけ水を引くということで、自分に都合のよい説明や理屈をつけること。

第17問　雲　正答率49%
常用漢字では「ウン、くも」が音訓。「雲雀」は熟字訓で「ひばり」と読む。

第18問　家　正答率52%
「家」は「カ、ケ、いえ、や」が常用漢字の音訓。「家主」は「いえぬし、やぬし」両方の読み方がある。

第19問　衣　正答率33%
「衣」は常用漢字では「イ、ころも」の音訓だけだが、「衣紋」は「エモン」。仏教関係は「エ」と読む熟語が多い。

第20問　日　正答率65%

国語常識問題 5

第1問　次の表現で、正しいのはどれでしょうか。

① **弟は押し着けの服ばかりだ**

② **そんなにそっぽを向けないでください**

③ **おやおや、焼けぼっくいに火がついたようだ**

第2問　次の四字熟語の意味はどれでしょうか。

疑心暗鬼

① 疑うと、心が沈んで、幸福感が逃げて行くこと

② 疑うと、人格が鬼のようになって凶暴になること

③ 疑うと、何にでも恐れや疑いの気持ちを抱くこと

第3問　正しい表記はどれでしょうか。

① **腹心の部下**　② **怒肝を抜く**　③ **合槌を打つ**

第4問　次のなかで、ないものはどれでしょうか。

① **高座返し**　② **しっぽ返し**　③ **ネズミ返し**

難易度：★☆☆　合格点：90点以上

第1問　③おやおや、焼けぼっくいに火がついたようだ　正答率85%

「焼けぼっくい」は「焼け木杭（棒杭）」と書き、焼けて黒くなった燃えさしの棒きれのことで、すぐに火がつきやすい。しばらく別れていた男女の仲が元に戻ることを言う。①は「押し着けの服」ではなく「お下がりの服」。制服のようにあてがわれる服は「お仕着せ」。②は「そっぽを向く」という言い方はあるが「向ける」はない。

第2問　③疑うと、何にでも恐れや疑いの気持ちを抱くこと　正答率94%

「疑心暗鬼を生ず」というのがもとの漢文（『列子』）。疑ってかかると何でも怪しく見える、疑いが疑いを呼ぶという意味。

第3問　①腹心の部下　正答率29%

「どぎもを抜く」の「ど」は強めの接頭辞なので、多くの場合「度」と書く。あいづちは「合」ではなく「相」と書く。「合」は「合図、合鴨、合い判、合鍵、合いの手」など。「相」は「相手、相身《あいみ》互い、相合い傘」などである。

第4問　②しっぽ返し　正答率75%

ネズミ返しは倉庫などにネズミが入らないようにする仕掛け。また、船をつなぐときに綱に傘状の金具をつけ、ネズミが伝って入れないようにしたものも言う。

国語常識問題 5

第5問　「行く」の尊敬語で、正しいのはどれでしょうか。

①**行かれる**
②**いらっしゃる**
③**お参りになられる**

第6問　（　　）に入らないのはどれでしょうか。

（　　）を満たす

①**食欲**
②**好奇心**
③**欲ばり**

第7問　次の表現で、正しいのはどれでしょうか。

①**月にすっぽん**
②**つれない素（そ）振り**
③**つつがなしに終わる**

第5問　②いらっしゃる　正答率58％

「行かれる」と尊敬の助動詞「れる」を使う人もいるが、語感が悪いので用いないほうがよい。せめて「お行きになる」だろう。「参る」は謙譲語で、自分が行くことを言う。謙譲語に「お」をつけ、さらに「なられる」という二重敬語形式では三重の誤りになる。「お参り」は神社仏閣に詣でることだが、その場合は「お参りをなさる」と言う。

第6問　③欲ばり　正答率79％

「欲ばり」は欲が張った状態であり、状態を満たすことはできない。「欲を満たす」「心を満たす」は成立する。ただし、好奇心を満たすのもいいが、「好奇心は猫も殺す」という西洋のことわざもあるのでご注意を。

第7問　②つれない素(そ)振り　正答率71％

①は「月とすっぽん」で同じように丸いものでも天と地ほど違うという意味。③の「つつがない（なく）」は病気や災難などがなく無事であるという意味。聖徳太子が隋に送ったとされる文にも「日出處天子致書日沒處天子無恙」（日出る処の天子、書を日没する処の天子に致す、恙《つつが》なきや）（『隋書・列伝第四十六』）とあり、「恙」という文字がある。「つつがなく暮らす」という使い方が一般的である。正解②の「つれない」は「連れない、釣れない、吊れない」のいずれでもなく、かな書きするのが決まり。

国語常識問題 5

第8問　（　）に入らないのはどれでしょうか。

（　）をこぼす

①愚痴（ぐち）
②汗
③お茶

第9問　次のことわざで、正しいのはどれでしょうか。

①背負った孫に教えられる
②安物買いの銭失い
③屋上から目薬

第10問　次の表現で、誤っているのはどれでしょうか。

①あの夫婦はそりが合わないらしい
②あの夫婦は相思相愛でうらやましい
③あの夫婦は犬も食わない仲の良さだ

第8問　②汗　正答率79%

愚痴《ぐち》やお茶はこぼすことはあっても、汗は「かく、流す」としか言わない。

第9問　②安物買いの銭失い　正答率76%

高齢化社会であっても①は「負うた子に教えられる」が正しい表現。③は屋上ではなく「二階から目薬」で、思うに任せないもどかしさや効果のないことをいう。ここでいう目薬は現在のような液剤ではなく、固形薬や散薬であったので、上から撒《ま》いても効き目はなかった。

第10問　③あの夫婦は犬も食わない仲の良さだ　正答率74%

「そりが合わない」の「そり」は日本刀の曲線のことで、刀の鞘《さや》の曲線と合わないとうまく収まらないことからできた表現。「相思相愛」はお互いに好き同士だということ。最愛の男女の契りが深いたとえで「比翼の鳥、連理の枝」という表現もある。「犬も食わない」のは夫婦げんかのこと。

国語常識問題 5

第11問　次の表現で、正しいのはどれでしょうか。

①**物も言いようで丸くなる**
②**証文の出し忘れ**
③**果報は寝て待て**

第12問　（　）に入らないことばはどれでしょうか。

（　）**が差す**

①**嫌気（いやけ）**
②**間**
③**光**

第13問　次のことわざで、誤っているのはどれでしょうか。

①**木が熟する**
②**気が利く**
③**機知に富む**

第11問　③果報は寝て待て　正答率85％
①は「物も言いようで角が立つ」が正しい。似たことわざに、「四角い豆腐も切りようで丸い」がある。②は「証文の出し遅れ」。正解③の「果報」というのは幸運、または仏教で前世の行いによる結果ということである。幸運はあせってもやってはこない、静かに待てという意味だ。しかし、あまり果報がよいと「果報負け（焼け）」ということもあるので気をつけよう。

第12問　②間　正答率50％
「差す」にはいろいろな意味がある。「光（日、後光）が差す」は「射す」とも書き、光が当たること。「嫌気《いやけ》が差す」のは嫌気が生じること。「眠気が差す」も同じ。②は「間」ではなく「魔」で、一瞬悪い考えが浮かぶこと。これに似た「差す」の使い方では「気が差す」という表現もある。

第13問　①木が熟する　正答率84％
実は熟しても木は熟さない。「機が熟す」でチャンス到来ということ。「利く」と「効く」は使い分けが難しいが、効果があるものは「効」。「利」は機能や能力が発揮されることで、「気が利く、応用が利く、利き酒」などである。

国語常識問題 5

第14問 「大」を「ダイ」としか読まないのはどれでしょうか。

① **大震災** ② **大掃除** ③ **大火事**

第15問 次の表現で、誤っているのはどれでしょうか。

① **猫の手も借りたい**
② **猫に小判**
③ **猫に論語**

第16問 「三代集」とは『後撰和歌集』、『拾遺和歌集』とあと一つは。

① **『万葉集』**
② **『古今和歌集』**
③ **『新古今和歌集』**

第17問 次のなかで、水中で育つものはどれでしょうか。

① **鹿尾菜** ② **海秋沙** ③ **秋海棠**

第14問　①大震災　正答率89％

「ダイ」は漢語につきやすく、「おお」は和語につきやすい傾向がある。日常的な出来事を示す漢語は、和語のように扱われることがあるので、②と③は「おお」と読む。「シンサイ」は純然たる漢語だから「ダイシンサイ」と読むのが普通。

第15問　③猫に論語　正答率95％

猫はことわざ、成句に多く登場する。しかし、犬に比べると役回りで損をしていることが多い。①は、役立たないだろうが猫の手も借りたいくらい忙しいということ。「猫に小判」「豚に真珠」は価値を知らないものに高価なものを与えても無駄だということ。

第16問　②『古今和歌集』　正答率47％

『新古今和歌集』は、技巧的、芸術主義的な歌風が特徴的な勅撰集で「八代集」の一つ。『万葉集』は一般的に勅撰和歌集に入れない。

第17問　①鹿尾菜　正答率27％

②の「海秋沙」はウミアイサというカモ科の冬鳥。③は植物で淡紅色の花を秋に咲かせる「シュウカイドウ」。①は「ひじき」と読むが、漢字の当て字では「羊栖菜」とも書く。季語としては春に分類される。乾燥して利用する。ひじきごはん、煮物などお袋の味の一つとして小料理屋でも重宝される。

国語常識問題 5

第18問　次の表現で、最も正しいのはどれでしょうか。

① **先生が、いらっしゃいました。**
② **先生は、なにか飲まれますか。**
③ **先生が、ご案内いたされます。**

第19問　次の表記で、正しいのはどれでしょうか。

① **流転の人生を送る**
② **夜光生の動物**
③ **弁悔のうまい人**

第20問　次の表記で、正しいのはどれでしょうか。

① **自分の責任を転化する**
② **食品の添加物が気になる**
③ **聖火台に添火する**

第18問　①先生が、いらっしゃいました。　正答率80％

②はまちがいではないが、先生にはより敬意の高い「召しあがりますか」「お飲みになりますか」を使うほうがふさわしい。③は「いたす」という自分の行為を示す謙譲語に尊敬の助動詞をつけたもので、誤りとされる。「いらっしゃる」は「行く」「来る」についていう敬語なので正解。

第19問　①流転の人生を送る　正答率77％

「やこうせい」には「夜行性、夜光性」の二つがある。夜活動するのは前者、後者は夜に光を放つホタルイカなどに用いる。③は「弁解」。正解の①は「ルテン」と読む。「流」を「ル」と読む熟語には「流民、流浪、流罪、流謫《るたく》」などがある。

第20問　②食品の添加物が気になる　正答率85％

いずれも「テンカ」と読むのだが、責任を他人に押しつけるのは「転嫁」。「原料の値上げで価格に転嫁する」とも使う。火をつけるのは「点火」。あとから加えるのは「添加」。ほかに「転化」があるが、これは別の状態に変化すること。

漢字問題 5

次の漢字の読み方を答えてください。

第1問　脱兎（　　　）

第2問　化膿（　　　）

第3問　嗜好（　　　）

第4問　菩薩（　　　）

第5問　縞模様（　　　）

第6問　読経（　　　）

第7問　蘇生（　　　）

第8問　寓話（　　　）

第9問　禽獣（　　　）

第10問　狸囃子（　　　）

難易度：★★☆　合格点：85点以上

第1問　脱兎（だっと）　正答率79％

第2問　化膿（かのう）　正答率96％

第3問　嗜好（しこう）　正答率89％

食欲を満たす米や食事ではなく、楽しみのために食べるものの好みのこと。最近は一般的な趣味について言う人もいるが、あくまでも食物について言うのが一義だ。

第4問　菩薩（ぼさつ）　正答率93％

菩提薩埵《ぼだいさった》の略。

第5問　縞模様（しまもよう）　正答率90％

第6問　読経（どきょう）　正答率66％

これはよく「どっきょう」と読む人がいるが、仏教用語独特の読み方なので注意してほしい。同じ意味で「看経」という語があり、「かんきん」と読む。

第7問　蘇生（そせい）　正答率96％

第8問　寓話（ぐうわ）　正答率84％

第9問　禽獣（きんじゅう）　正答率57％

飼い鳥のことや小鳥を「禽」と言う。「家禽、猛禽類、水禽」などのような熟語がある。

第10問　狸囃子（たぬきばやし）　正答率77％

漢字問題 5

次のなかで正しい表記はどれでしょうか。

第11問　熱のデンドウ

①伝導
②伝道
③伝動

第12問　コウガクシンに燃える

①好学心
②向学心
③後学心

第13問　シュウビを開く

①秋美
②秀媚
③愁眉

第11問　①　伝導　正答率 95％

②の「伝道」は宗教の教えを世に広めること。③は動力を伝えるという意味で「伝動歯車」などの使い方がある。正解の「伝導」は熱が伝わることを主に言う。電気の場合は「電導」であり、極超低温で起きる「超デンドウ」はNHKでは「超電導」に統一している。

第12問　②　向学心　正答率 95％

学問が好きな人は①を選んだかもしれないが、「好学」は「好学の士」という使い方がほとんどである。「コウガクシン」は学問に励もうという心なので「向学心」。後学は先学の対語で「後進の学者」という意味だ。

第13問　③　愁眉　正答率 64％

愁いを含んだ眉根《まゆね》という意味なので③が正解。心配そうな顔つきをいい、「愁眉を開く」という使い方しかない。言い換えると「ほっとする」「安堵《あんど》する」となる。

漢字問題 5

（　）に入る漢字2字を書いてください。

第14問　（　　　）青松

第15問　（　　　）一動

第16問　喜色（　　　）

（　）に共通する漢字1字を書いてください。

第17問　（　）中、（　）水、（　）当、（　）綱

第18問　（　）物、（　）動、（　）古、（　）面

第19問　先（　）、（　）巾、（　）痛、（　）垢

第20問　水（　）、分（　）、（　）国、（　）屋

第14問　白砂　正答率28%

読み方は「ハクサ－セイショウ、ハクシャ－セイショウ」どちらもある。

第15問　一挙　正答率44%

手の動き一つ、わずかな身ぶりという意味。「一挙手一投足」という言い方もある。

第16問　満面　正答率54%

喜びでいっぱいの顔。満面は「満面の笑み」「満面朱を濺《そそ》ぐ」などと使う。

第17問　手　正答率30%

「手」は常用漢字では「シュ（手中）、て（手当）、た（手綱）」と読む。「手水」は常用漢字以外の読みをして、「ちょうず」である。手や顔を洗う水のことだ。

第18問　反　正答率6%

「反」には「ハン、ホン、タン、そる、そらす」と多くの読みがある。「反古」はそれ以外の読み方の熟字訓で「ほご」と読む。不要になった書き付けなどの紙のこと。

第19問　頭　正答率35%

「頭垢」は「雲脂」とも書き、頭のフケのこと。

第20問　母　正答率20%

「水母」は「海月」とも書き、「くらげ」。「母屋」は「おもや」だが、「入母屋造り」は「いりもやづくり」である。

国語常識問題 6

第1問　（　）に入るのはどれでしょうか。

（　）の目にも涙

①**親**　②**雀（すずめ）**　③**鬼**

第2問　下の四字熟語の意味はどれでしょうか。

付和雷同

①**人の意見に、無批判に従うこと**
②**人の意見に、激しく反論すること**
③**人の意見に、影響を与えるような助言をすること**

第3問　次のなかで「所」の読みが異なるのはどれでしょうか。

①**社務所**　②**和歌所**　③**裁判所**

第4問　まちがった敬語の使い方をしているのは、どれでしょうか。

①**担当者にお尋ねください**
②**担当者にお伺いください**
③**担当者にお聞きください**

難易度：★★☆　合格点：80点以上

第1問　③鬼　正答率87％

「雀の涙」はごくわずかなことのたとえ。「鬼の目にも涙」は、ふだんは冷酷非情な人でも、時には情が通じて涙を流すこともあるということ。

第2問　①人の意見に、無批判に従うこと　正答率73％

「付和（附和）」もしくは「雷同」どちらも単独で使われることがあり、意味は同じ。自分の決まった意見を持たず、他人の意見にむやみに付き従うこと。人の意見に反論するのは、「反駁《はんばく》」。助言をするのは「口添え」。

第3問　②和歌所　正答率89％

①、③は「ショ」で音読み。②は「ところ」という訓読みになる。和語には訓読みがふさわしく、漢語には音読みがつくことが多い。「和歌所」は宮中で和歌の講義や勅撰和歌集の編纂《さん》に当たったところである。十世紀に設置され、明治以降は「御歌所《おうたどころ》」と名前を変えて存在したが、昭和二十一年に廃止された。「社務所」は神社の事務を扱う場所。

第4問　②担当者にお伺いください　正答率78％

「聞く」の謙譲語は「伺う、拝聴する」なので②が誤り。①と③では敬意の度合いが違う。「お尋ね」という専用の敬語を用いたほうが敬意が高く、「お〜する」は敬意が下がると考えられている。

国語常識問題 6

第5問　次のなかで正しい表現はどれでしょうか。

① **論議を醸（かも）す**
② **論議に出す**
③ **論議の的になる**

第6問　（　）に入らないことばはどれでしょうか。

（　）をかえす

① 肩
② 踵（きびす）
③ 唇

第7問　次の四字熟語の意味で、誤っているのはどれでしょうか。

意味深長

① **ことばの裏側に、別の意味が含まれているということ**
② **文章や表現が、奥深いさま**
③ **別の意味にとられないように、慎重に発言すること**

第5問　③論議の的になる　正答率43％

正しい形は①は「物議を醸す」。②は「討議の場に出す（さらす）」が考えられる。「醸《かも》す」は、こうじに水などを加え酒や醬《しょう》油を作ることで、比喩《ゆ》的に何かが出現する、だんだん形をとってくるという意味で使われる。

第6問　①肩　正答率27％

「踵《きびす》」は足のかかとのことで、西日本などでは日常語として方言のなかに残っている。「足を戻す」という意味で、急にぱっと引き返すさまを言うときによく使われる。肩は「貸す、並べる、すぼめる、持つ、落とす、怒らす」と表されたり、「肩で風を切る」など勢いを表すこともある。「唇をかえす」とは、不平不満を言ったり、そしったりすること。

第7問　③別の意味にとられないように、慎重に発言すること　正答率34％

「意味深長」は①と②を合わせたのが本来の意味。発言が慎重になるのはいいが、書く場合に「意味慎重」と書かないように慎重にしたい。

国語常識問題 6

第8問　次のなかで、使わない表現はどれでしょうか。

①**頭の上の蠅（はえ）も追えない**
②**頭の白い鼠（ねずみ）**
③**頭を丸める**

第9問　正しい表記の四字熟語は、どれでしょうか。

①**回廊洞穴**　②**偕老同穴**　③**海老同穴**

第10問　「超える」のなかで、誤った表記はどれでしょうか。

①**能力を超える**
②**限度を超える**
③**山を超える**

第11問　次のなかで、使わないことばはどれでしょうか。

①**内弁慶**　②**口弁慶**　③**裏弁慶**

第8問　②頭の白い鼠（ねずみ）　正答率78％

①は、自分のことすらできないこと。③は出家して仏門にはいること。②は正しくは「頭の黒い鼠《ねずみ》（人間）」が、ものを盗んだのだろうと、暗に身近な人間が犯人だということ。

第9問　②偕老同穴　正答率64％

「カイロウドウケツ」と読む。これは二字熟語の集まりだ。いずれも中国の『詩経』にあることばで、「ともに年をとってゆく」「死んだら同じ墓穴に葬られる」という意味で、夫婦が愛情深く固く結ばれていることを言う。「回廊―洞穴」では地下の迷路になってしまう。「偕老同穴」は「ビーナスの花かご」と呼ばれる海綿動物の一種。なかにドウケツエビがいることもあるので、海老《えび》を「カイロウ」と音読みすると、答えをまちがえたかもしれない。

第10問　③山を超える　正答率85％

「こえる」は「越」「超」がある。使い分けは、「超」は一定の数量、限度や目安をこえる場合、「越」は物理的、時間的なものをこえる場合や上を通り過ぎる場合。

第11問　③裏弁慶　正答率54％

内弁慶は家のなかではいばっているが、外では意気地がないこと。「陰弁慶」とも言う。「口弁慶」は口先だけ大きなことを言って実行を伴わないこと。

国語常識問題 6

第12問　正しい表記は、どれでしょうか。

二人はタイショウ的な性格だ

①**対象**
②**対称**
③**対照**

第13問　次の「れる」のなかで、性質の異なるものはどれでしょうか。

①**謎が、解き明かされる**
②**故郷での日々が、思い出される**
③**突然、雨に降られる**

第14問　敬称として正しいのは、どれでしょうか。

①**会員各位**
②**会員各位殿**
③**会員各位様**

第12問　③ 対照　正答率 61％

「対象」は何かの行為や活動が向けられる相手。「対称」は二つの図形が一点（あるいは一線）を中心に完全に向き合うこと。「対照」はほかのものと比べて、違いが明らかなことを言う。

第13問　② 故郷での日々が、思い出される　正答率 35％

「れる」は、受け身、自発などを表す助動詞である。①、③は受け身であるが、②は自然にそうなるという自発の状態を表す。「思い出される」はほかに「しのばれる」とも言う。

第14問　① 会員各位　正答率 71％

多くの人を対象に敬称をつける場合には「各位」を使う。しかし、敬意を含まないことばと思われるためか「各位殿、各位様」という二重敬称が横行することになる。社会人としては注意したいところだ。

国語常識問題 6

第15問　次のなかで、秋の季語でないものはどれでしょうか。

① **水霜（みずしも）**
② **夕焼け**
③ **鰯（いわし）雲**

第16問　次のなかで、植物名はどれでしょうか。

① **虎の頭（かしら）**
② **虎の子**
③ **虎の尾**

第17問　「僕は小さい時に絵を描（か）くことが好きでした」の文で始まる『一房の葡萄（ぶどう）』の著者は、どれでしょうか。

① **徳富蘆花**
② **有島武郎**
③ **武者小路実篤**

第15問　②夕焼け　正答率33％
「水霜《みずしも》」は晩秋に露が凍って霜のようになったもの。「夕焼け」は「朝焼け」とともに夏の季語とされる。「鰯雲《いわしぐも》」は「うろこ雲」とも呼ばれ、これが空に見えるようになると秋の訪れを実感できる。

第16問　③虎の尾　正答率69％
「虎の頭《かしら》」はあまり聞いたことがないかもしれないが、虎の頭の張り子のことで、この影を映した産湯を使うと赤ん坊は無病息災に育つという風習があった。「虎の子」は大切にして手元から離さない品や大事なへそくりのこと。しかし、「の」を落として「虎子《こし》」とすると「おまる（幼児用の携帯便器）」になるので注意。正解の「虎の尾」はサクラソウ科の植物。「岡虎の尾」と「ヤブソテツ」の異名がある。

第17問　②有島武郎　正答率51％
白樺派の有島武郎はほかに『カインの末裔』『生まれ出づる悩み』『或る女』などが代表作。徳富蘆花は、東京・世田谷に住み、住居跡は蘆花恒春園になっている。代表作は『不如帰《ほととぎす》』『自然と人生』『思出の記』。武者小路実篤は、「白樺」の創刊者で代表作には『真理先生』『お目出たき人』『友情』などがあり、三人のなかでは最も長寿であった。

国語常識問題 6

第18問　次のなかで「異」の読みが違うのはどれでしょうか。

①**見解を異にする**
②**縁は異なもの**
③**異を唱える**

第19問　次のなかで、誤っていることばはどれでしょうか。

①**見かけ倒れ**
②**着倒れ**
③**議論倒れ**

第20問　次の俳句の（　）に入るのは、どれでしょうか。

「（　）のゆたかなる夜も寝（ぬ）べきころ」〈中村汀女〉

①**虫の音**
②**稲妻**
③**月影**

第18問　①見解を異にする　正答率62％
「こと」と読むと別のもの、違うものという意味になるが、「異人《ことひと》、異物《こともの》」は普通でない、優れた、恐ろしいなどの意味になる。「イジン、イブツ」と読むとさらに意味が変わる。②、③は「イ」と読み、違う意見や考え、あるいは、普通と違っているさまを表す。「縁は異な物」はあとに「味な物」と続くのが普通。

第19問　①見かけ倒れ　正答率44％
「京の着倒れ、大阪の食い倒れ、江戸の履き倒れ」などといわれる三都の気風の違いがある。「議論倒れ」は、議論だけは一人前だが実行が伴わないこと。①は「見かけ倒し」が本来の表現で、外見はよいが中身は劣悪なこと。「○○倒れ」はそのことをすることで財産を失うことや、見かけだけで実質を伴わないことを言う。

第20問　②稲妻　正答率6％
中村汀女《ていじょ》はホトトギス派の俳人で、女性らしい生活感に裏打ちされた俳句を作った。女性俳人が少ない時代に男性に伍して骨太な活動を続けた。「稲妻の」という力強い初五（俳句の初めの五文字。初句）が印象的なこの句は、『汀女句集』の所収である。

漢字問題 6

次の漢字の読み方を答えてください。

第1問　茶筅（　　　）

第3問　孵化（　　　）

第5問　可憐（　　　）

第7問　祝盃（　　　）

第9問　羨望（　　　）

第2問　安堵（　　　）

第4問　完璧（　　　）

第6問　梱包（　　　）

第8問　裳裾（　　　）

第10問　強靱（　　　）

難易度：★★☆　合格点：80点以上

第1問　茶筅（ちゃせん）　正答率69％

抹茶を点てるときに使う道具。「筅」は「茶筅」以外の熟語はないが、日本文化にとっては重要なので覚えておこう。

第2問　安堵（あんど）　正答率94％

「堵《と》」は垣根のこと。そのなかで安んじて暮らすことを「安堵」と言う。日本の中世や近世では、武士の所領や土地の所有権を将軍などが承認することを言った。

第3問　孵化（ふか）　正答率71％

第4問　完璧（かんぺき）　正答率98％

「傷のない玉《ぎょく》」の意味。「傷がない」という意味が主なので「完璧に負けた」「完璧に潰れた」などの表現はふさわしくない。

第5問　可憐（かれん）　正答率93％

第6問　梱包（こんぽう）　正答率92％

第7問　祝盃（しゅくはい）　正答率91％

第8問　裳裾（もすそ）　正答率29％

「裳」は上代女性のスカート。平安時代以後は女性が正装するとき腰につけた着衣のこと。その下の部分が「裳裾」。

第9問　羨望（せんぼう）　正答率84％

第10問　強靱（きょうじん）　正答率87％

漢字問題 6

次のなかで正しい表記はどれでしょうか。

第11問　才子カジン

①歌人
②佳人
③家人

第12問　キョクチ的な雨

①極値
②極地
③局地

第13問　カンタンの夢

①邯鄲
②感嘆
③肝胆

第11問　②佳人　正答率82%

「歌人」は和歌を詠《よ》む人。「家人」は自分の家の者。「佳人」は美しい女性のことで「佳人薄命」などと用いる。「才子」は才能のある人という意味だが、「才女」ということばがあるので「才子」は男性に用いることが多い。

第12問　③局地　正答率86%

「極値」は最高または最低の数値。「極地」は北極、南極の地。比喩《ゆ》的にさいはての土地。限定的な地域という意味では「局地」を用いる。

第13問　①邯鄲　正答率65%

これは中国の『枕中記』という本にある故事で、盧生《ろせい》という青年が道士から借りた枕で寝たところ、人生の栄枯盛衰を一眠りで体験したという内容。日本では能や地唄、常磐津《ときわず》などの題材となった。「邯鄲」という鳴き声のよい秋の虫もいる。

漢字問題 6

（　）に入る漢字2字を書いてください。

第14問　琴瑟（　　）

第15問（　　）秋思

第16問（　　）坦懐

（　）に共通する漢字1字を書いてください。

第17問　日（　）、（　）紙、（　）平、（　）尚

第18問（　）夜、（　）紙、（　）湯、（　）身

第19問　進（　）、（　）水、（　）居、（　）札

第20問（　）用、（　）春、（　）備、（　）食

第14問　相和　正答率5％
「キンシツソウワ」。「琴」は五、七弦のもの、「瑟」は大型で十九弦から二十五弦であった。大小の琴がほどよく調和した音楽を奏でるところから、夫婦仲がむつまじいことを言う。

第15問　春愁　正答率2％
「春愁」は、春の日に感じるどことない哀愁。「秋思」はそれに比べるともの悲しさ、寂しさをたたえる。

第16問　虚心　正答率23％

第17問　和　正答率61％
「和尚」は「オショウ、ワジョウ、カショウ」など宗派により呼び方が違う。

第18問　白　正答率56％
「白夜」は「ハクヤ、ビャクヤ」の両方の読みがある。「白湯《さゆ》」は熟字訓であり、「白」に「サ」という音はない。

第19問　入　正答率32％
「入水」は「ジュスイ」と読めば、水に飛び込んで自殺すること、「ニュウスイ」と読めば水泳の飛び込み競技の用語。

第20問　常　正答率30％
「常」は常用漢字では「ジョウ、つね、とこ」の音訓がある。春夏秋冬につくと「とこ」と読む。

国語常識問題 7

第1問 （　）に入るのはどれでしょうか。

言わぬが（　）

① **恥**
② **仏**
③ **花**

第2問 次の故事成語の意味はどれでしょうか。

他山の石

① **自分とは無関係な物事**
② **人のよくない言行も、自分を磨くのに役立つということ**
③ **人のよい点を、自分の行動の参考にするということ**

第3問 適切な文は、どれでしょうか。

① **品物をいただいてください**
② **品物をお受け取りください**
③ **品物をおもらいください**

難易度：★★★　合格点：75点以上

第1問　③花　正答率55％

「聞くは一時の恥」「知らぬが仏」と言うのが一般的な表現。ここでいう「花」は植物の花ではなく、「一番よいとき、最もよいこと」という意味である。

第2問　②人のよくない言行も、自分を磨くのに役立つということ　正答率46％

このことわざはまちがって使われることがある。「人のふり見てわがふり直せ」と似ていて、「人の欠点や、まちがった事例、よくない言動でも、反面教師として自分を反省したり磨くのに役立つ」という意味である。よい点を見習う場合は「手本とする」と言う。

第3問　②品物をお受け取りください　正答率93％

「いただく」は自分がもらう場合に使う謙譲語なのでまちがい。「おもらいください」は正しいとする人もいるが、「もらう」に「お」をつけても敬意表現にはならないと感じる人が多い。通常は「お受け取りください」を用いる。

国語常識問題 7

第4問 「不」の部分の読み方が違うのは、どれでしょうか。
① **不義理** ② **不祝儀** ③ **不調法**

第5問 次のなかで、正しい表現はどれでしょうか。
① **笑顔がこぼれる**
② **愛嬌（きょう）がこぼれる**
③ **愛想がこぼれる**

第6問 （ ）に入ることばはどれでしょうか。
（ ）も通わぬ絶海の孤島
① **鳥**
② **人**
③ **魚（うお）**

第7問 次のなかで、誤っている表現はどれでしょうか。
① **悦に入る** ② **病に入る** ③ **堂に入る**

第4問　①不義理　正答率44％
「不」は「フ、ブ」の読みがある。「フ」と読むのは「不利、不義、不承知、不言、不始末、不出来、不道徳、不動、不便、不利益」など数多い。「ブ」と読むのは「不格好、不器用、不気味、不細工、不洒落、不祝儀、不調法、不用心」など数は少ない。

第5問　②愛嬌（きょう）がこぼれる　正答率12％
冷静に考えると、「笑顔がこぼれる」と表情がなくなってしまう。「笑みがこぼれる」が慣用。「愛想」は「良いか、悪いか」であり、振りまいたりこぼれたりはしない。

第6問　①鳥　正答率78％
魚はあちこち泳ぎ回るものなので、「通う」はなじまない。人が通わないから絶海の孤島であり、これも当たり前。「空を自由に行き来する鳥さえ通わぬほど遠い」という意味なので①が正解。

第7問　②病に入る　正答率78％
「悦に入る」の「悦」は心のなかで満足してうれしく思うこと。「堂に入る」の「堂」は表座敷など正式な場という意味もあるが、『論語』の「堂に升《のぼ》りて室に入る」ということばから、「学問や技芸が奥深いところまで達している」ことを意味する。「病が入る」のは「病膏肓《こうこう》に入る」だ。

国語常識問題 7

第8問　次のなかで、（　）に異なる漢字が入るのはどれでしょうか。

朝寝（　）

①風来（　）
②暴れん（　）
③用心（　）

第9問　次の四字熟語の正しい表記は、どれでしょうか。

ワコウドウジン

①和光同塵
②和光同仁
③和光同尽

第10問　次の四字熟語の意味で、正しいのはどれでしょうか。

金科玉条

①よりどころとなる、大切な教訓や信条
②価値のある物事
③逆らうことのできない、強い権力

第8問　③用心（一）　正答率61％

人間を「ぼう」で表すことがあるが、「棒」は少なく「相棒、お先棒、用心棒」など比較的中立な表現だ。「坊」は、「赤ん坊」を除くと「甘えん坊、きかん坊、見え坊、忘れん坊」などあまりよくない評価の人間につくようだ。「どろぼう」は「泥棒、泥坊」両方ある。

第9問　①和光同塵　正答率27％

「和光同塵」には二つの使われ方がある。一つは『老子』にある「和其光、同其塵」、つまり卓越した才能を隠し、俗界に交わるということ。主語は才能ある人である。もう一つは仏教の考えで、主語は仏である。人々を救うために仏が本来の大きな力を隠し、俗人が受け入れやすい姿で現れることを言う。前者の意味で使われることが多い。

第10問　①よりどころとなる、大切な教訓や信条　正答率66％

『文選《もんぜん》』にあることばで、大切な決まりや法律のことを言う。金や玉は固くて貴いものであり、変えることもできないという意味で、変えることのできない信条という場合にも用いる。

国語常識問題 7

第11問　正しい表記は、どれでしょうか。

キセイ概念を破る

①　**既製**
②　**既成**
③　**既制**

第12問　次のなかで、慣用句として正しいのはどれでしょうか。

①　**白羽の矢が立つ**
②　**白羽の矢を射る**
③　**白羽の矢を取る**

第13問　「拝啓」に対する結語としてふさわしくないのは、どれでしょうか。

①　**草々**
②　**不一**
③　**敬具**

第14問　次のなかで、冬の季語でないのはどれでしょうか。

①　**風花**
②　**小春**
③　**お花畑**

第11問　②既成　正答率81％
①か②かで迷った人も多いと思う。「既製」は製品としてすでにできあがっているもの。オーダーメードの反対である。「既成」はすでにできあがっていることで、「既成概念、既成作家、既成事実、既成道徳」などである。

第12問　①白羽の矢が立つ　正答率86％
「白羽の矢」はワシの白い羽で作った矢のこと。人身御供《ごくう》を求める邪神がいけにえになる人の家に白羽の矢を立てるという俗信がある。多くの人のなかから犠牲者が選ばれるという場合と、最近は逆によい意味として多数のなかからえりすぐられるという使い方がある。

第13問　①草々　正答率29％
「草々（匆々）」は「前略、冠省」に対応する。「不一《ふいつ》」は末尾に気持ちを十分に書き表せていないということを表す。「敬具」は「謹んで申しあげる」意味で「拝啓」と対になる。「敬白」とも使う。

第14問　③お花畑　正答率74％
「風花《かざはな》」は、雪雲もない空から降ってくるごくわずかな雪のこと。「小春」は春ではなく、秋の終わりごろから初冬に見られる暖かい春の日に似た気候。陰暦十月のこと。「お花畑」は高山植物が咲き乱れる山岳のオアシスなので、季語としては夏になる。

国語常識問題 7

第15問　次のなかで「君」にかかる枕詞はどれでしょうか。

① たらちねの
② うつせみの
③ あかねさす

第16問　次の文の（　）に入るのは、どれでしょうか。

「ややう夜寒（よさむ）になるほど、（　）なきてくるころ〜」
〈吉田兼好『徒然草』〉

① 雁（かり）　② 鶴（つる）　③ 鴨（かも）

第17問　次のなかで、正しいのはどれでしょうか。

① 彼の態度は、手のひらを返したようだった
② きのうは大雨だったが、きょうは手のひらを返したような青空だ
③ 犬を散歩に連れていったら、手のひらを返したように駆けだした

第15問　③あかねさす　正答率29％

枕詞は何のことばに掛かるのかを覚えるほかはない。「たらちねの」は「母」などに掛かる。「うつせみの」は「世」「身」などに、そして、「あかねさす」は「日、昼、照る、紫」などに掛かる。照り映えて美しいという意味から「君」にも掛かる枕詞だ。

第16問　①雁（かり）　正答率72％

「雁」は和歌の題材として多く現れる。「がん」と同じだが、鳴き声から「かり」になったとする説がある。

第17問　①彼の態度は、手のひらを返したようだった　正答率75％

「手のひらを返したよう」という形容は、多くは人と接する態度の急変を表す。また、ほんの短い時間であることを意味する場合もある。②、③は急変ではあるが、人と接する態度ではないので誤用とされても仕方がない。

国語常識問題 7

第18問　次のなかで、動物名はどれでしょうか。

①羊歯
②熊の実
③竜胆

第19問　次の熟語のうち、性質が異なるのはどれでしょうか。

①衣食住
②具体案
③真善美

第20問　次の俳句の（　）に入るのは、どれでしょうか。

「（　）や奈良には古き仏たち」〈松尾芭蕉〉

①栗（くり）の実
②菊の香
③柿の木

第18問　②熊の実　正答率31％

「しだ」、「くまのみ」、「りんどう」と読む。「羊歯」はコケ植物と種子植物の間に位置する植物。「竜胆」は、古くは「りゅうどう」、「りゅうたん」とも言ったそうだ。秋に青紫の花を開く。「熊の実」はイソギンチャクと共生することで知られ、アニメの主人公にもなった。

第19問　②具体案　正答率71％

①と③は、それぞれ一文字の漢字が別の意味を持ち、三つそろって熟語を形成している。②の具体案は「具体的な」「案」ということで前部の語が後部の語を修飾している。

第20問　②菊の香　正答率37％

「奈良＝柿」という連想は「柿食えば鐘が鳴るなり法隆寺」の印象があまりにも強いからだろうか。「菊の香」というほのかで目に見えないものと、「古き仏」が、ゆかしさを感じさせる句である。

漢字問題 7

次の漢字の読み方を答えてください。

第1問　山麓（　　　　）
第2問　教鞭（　　　　）
第3問　洞窟（　　　　）
第4問　寵愛（　　　　）
第5問　凱旋（　　　　）
第6問　畏敬（　　　　）
第7問　贅沢（　　　　）
第8問　震撼（　　　　）
第9問　逡巡（　　　　）
第10問　豊穣（　　　　）

難易度：★★☆　合格点：85点以上

第1問　山麓（さんろく）　正答率79％

第2問　教鞭（きょうべん）　正答率90％
「教鞭を執る」という成句で教職に就くという意味になる。

第3問　洞窟（どうくつ）　正答率98％

第4問　寵愛（ちょうあい）　正答率78％
「寵」は慈しみ愛すること。現代でも使われるのは「時代の寵児《ちょうじ》」。

第5問　凱旋（がいせん）　正答率93％

第6問　畏敬（いけい）　正答率81％

第7問　贅沢（ぜいたく）　正答率97％

第8問　震撼（しんかん）　正答率95％
「震」はふるえるという意味。「撼」は揺すり動かすという意味。「世間を震撼させた事件」のように用いる。「震撼する」という自動詞としての言い方はしない。

第9問　逡巡（しゅんじゅん）　正答率77％

第10問　豊穣（ほうじょう）　正答率90％
「穣」は稲藁《いなわら》のこと。実りが豊かなことを示す。土偏であると「肥沃《ひよく》な土地」の意味になり、食偏だと「地味が肥えていて作物がよく実ること」を言う。似た字なので注意が必要である。

漢字問題 7

次のなかで正しい表記はどれでしょうか。

第11問　カイテンの事業

①回天

②回転

③回展

第12問　会計カンサ

①監査

②鑑査

③観査

第13問　万事キュウす

①急

②窮

③休

第11問　①回天　正答率41％

単にくるくる回すのは「回転」。「回天」は天下の形勢をひっくり返すこと。

第12問　①監査　正答率95％

「監査」は監督し検査することで、「会計監査、業務監査」などがある。「鑑査」は鑑定し検査することで、美術品などに用いられることが多い。「無鑑査」は鑑査するまでもなく高い水準にあるという意味である。「勘査」という熟語もあり、ほかと突き合わせて検査するという意味。

第13問　③休　正答率31％

「窮する」ということばがあり、困ってしまうことを言うが、成語としては『宋史』にある故事からのことばとして「休す」を使う。意味は、休むのではなく「終わる」という意味で、普通とは違う例なので注意しよう。

漢字問題 7

（　）に入る漢字2字を書いてください。

第14問（　　　）幽谷

第15問（　　　）両得

第16問（　　　）満作

（　）に共通する漢字1字を書いてください。

第17問（　）行、（　）合、散（　）、徒（　）

第18問（　）地、（　）場、（　）礼、自（　）

第19問（　）分、金（　）、（　）音、様（　）

第20問（　）車、（　）子、（　）力、駿（　）

第14問　深山　正答率25％
奥深い山や谷のこと。『列子』にある由緒ある四字熟語。

第15問　一挙　正答率80％

第16問　豊年　正答率41％
穀物の実りが多い年を「豊年」といい、逆は「凶年」である。「満作」は「豊作」と同義である。

第17問　歩　正答率75％

第18問　立　正答率6％
「立」は文字自体はやさしいが、いろいろな読みをする漢字だ。「リツ、リュウ、たつ、たてる」の読みがある。

第19問　子　正答率65％
「子」は「シ、ス、こ」の音訓がある。時代小説では子分は「乾分」という当て字も見られる。「金子《きんす》」はまとまった額のお金のことだが、これも時代語。「子音」を「シオン」と読む人もいるが「シイン」が正しいとされるので注意しよう。

第20問　馬　正答率68％
「馬」は「バ、うま、ま」という常用漢字の音訓があるが、「め」という読みも多く見られる。「主馬《しゅめ》、馬手《めて》、駿馬《しゅんめ》、神馬」などが「め」と読む。

国語常識問題 8

第1問　（　　）に入るのはどれでしょうか。

失笑を（　　）

① **買う**
② **呼ぶ**
③ **誘う**

第2問　次の故事成語の意味で、不適切なものはどれでしょうか。

食言

① **前言をひるがえすこと**
② **約束を破ること**
③ **味わうほど、深みが感じられることば**

第3問　送りがなが正しいのはどれでしょうか。

① **珍らしい**
② **必ず**
③ **暖たかい**

難易度：★★☆　合格点：80点以上

第1問　①買う　正答率77％

「笑い」は止まらなかったり、かみ殺したりもするが、こらえられずに笑ってしまうのが「失笑」。吹き出し笑いの対象になることを「失笑を買う」と言う。

第2問　③味わうほど、深みが感じられることば　正答率54％

③に関連して「熟読玩味《がんみ》」ということばがある。「食言」は一度言ったことばをもう一度口に収めるという意味で、前と違うことを言ったり、約束を守らなかったりすることを言う。「君子は食言せず」ということばもあり、「食言」は嫌われることが多い。

第3問　②必ず　正答率88％

送りがなの原則は活用語尾をかなで書き、送るということだ。①と③はそれぞれ一文字多く送っていることになる。

国語常識問題 8

第4問　適切な表現は、どれでしょうか。

① **先生が申されました**
② **先生がおっしゃられました**
③ **先生がおっしゃいました**

第5問　次のなかで、誤っているのはどれでしょうか。

① **食指を動かす**
② **食指が動く**
③ **食指を伸ばす**

第6問　（　）に入らないことばはどれでしょうか。

おいしくて、（　　）ようだ

① **あごが落ちる**
② **舌が落ちる**
③ **ほおが落ちる**

第4問　③先生がおっしゃいました　正答率91％

「申す」は自分が言うことであり、尊敬の助動詞をつけてもだめである。また、「おっしゃる」＋「られる」というのは二重敬語に相当するので誤りである。

第5問　③食指を伸ばす　正答率39％

「食指」は人さし指のこと。『左氏伝《さしでん》』によれば、鄭の公子宋《そう》は人さし指が動くとご馳走《ちそう》にありつけることがわかったそうだ。この故事から、食欲が起きること、興味や関心を強く持つことを言った。

第6問　②舌が落ちる　正答率28％

おいしいものを食べたときには「ほっぺたが落ちるようだ」「あごが落ちそうだ」などと言う。

国語常識問題 8

第7問　次のなかで、不適切な文はどれでしょうか。

①彼とは親しくないので、気が置けない
②試験勉強がはかどらず、気が腐る
③彼女はわたしのために、いつも気を砕いてくれる

第8問　次の四字熟語の正しい表記は、どれでしょうか。

ゴリムチュウ

①五里夢中
②五里霧中
③五里務中

第9問　次の四字熟語の意味で、正しいのはどれでしょうか。

全知全能

①あらゆることを知り、すべてをなし得る能力
②自分の持っている、知識・能力のすべて
③知恵と知識とを総動員して、努めること

第7問　①　彼とは親しくないので、気が置けない　正答率51%

「気が腐る」は気分がくさくさしてすっきりしないこと。「気を砕く」は心配する、配慮するという意味。「気が置けない」は「親しいので」と結びつく。つまり、配慮する必要がない間柄ということになる。

第8問　②　五里霧中　正答率94%

これは中国の仙術に関係することばだ。『後漢書《ごかんじょ》』に、張楷《ちょうかい》という人が深い霧を発生させる術を使うとして「五里霧」というものが出てくる。五里四方に霧が漂うというものだ。方角がわからなくなり、周りの様子が見えなくなるという意味で使われる。漢字問題2の第16問でも出題した。

第9問　①　あらゆることを知り、すべてをなし得る能力　正答率70%

「全知全能」は神の形容として使われ、人間には用いない。

国語常識問題 8

第10問　儒教の重要な書「四書」とは、『大学』『中庸』『論語』と、あと一つは。

①**『荘子』**　②**『孟子』**　③**『孫子』**

第11問　正しい表記は、どれでしょうか。

ケイセイ不利な戦い

①**形成**
②**傾城**
③**形勢**

第12問　次のなかで、誤っている慣用句はどれでしょうか。

①**尻が据わる**
②**腰が据わる**
③**腹が据わる**

第13問　枕詞「ぬばたまの」が、かからないことばは、どれでしょうか。

①**夜**　②**烏（からす）**　③**黒**

第10問　②『孟子』　正答率61％
　儒教で尊ばれている書物を「四書五経」と言う。「五経」とは、『易経』『書経』『詩経』『春秋』『礼記《らいき》』。

第11問　③形勢　正答率95％
「形成」は形を作ること。「傾城」は城を傾けるほどの美女、つまり大将を骨抜きにするほどの美女という意味。「形勢」が勝負などその時々の情勢のことだ。

第12問　①尻が据わる　正答率72％
「腰が据わる」は落ち着いて物事に対処するさま。「腹が据わる」は度胸があり少々のことには動じないこと。尻が据わった状況は「尻が重い」と言う。

第13問　②烏（からす）　正答率39％
　枕詞は類似の語にかかることが多い。「夜」「黒」も似ているが、烏は黒くても別と考えられたようだ。

国語常識問題 8

第14問　次のなかで、外来語ではないことばはどれでしょうか。

① **ホッケ**　② **イクラ**　③ **バッテラ**

第15問　冬の季語は、どれでしょうか。

① **椿餅（つばきもち）**
② **葛餅（くずもち）**
③ **水餅（みずもち）**

第16問　次のうち、植物名はどれでしょうか。

① **河鹿**　② **河骨**　③ **河豚**

第17問　次の文の（　）に入るのは、どれでしょうか。

「さて（　　）のけしきこそ、秋にはをさをさおとるまじけれ」

〈吉田兼好『徒然草』〉

① **雪枯れ**　② **冬枯れ**　③ **霜枯れ**

第14問　①ホッケ　正答率48%

なじみのある食べ物の名前は外来語だとわからずに使っていることがある。「イクラ」はロシア語、サバの押し寿司である「バッテラ」はその形を表すバッテーラ（小舟）というオランダ語からきている。「ホッケ」は日本語。

第15問　③水餅（みずもち）　正答率25%

「椿餅」は春、「葛餅」は夏の季語だ。「水餅」は、餅がかびないように水のなかに保存したもの。寒くないと保存できないので冬の期間だけということになる。

第16問　②河骨　正答率65%

それぞれ「かじか、こうほね、ふぐ」と読む。「カジカ」は雄の鳴き声が美しいカエルで歌にもよく詠まれている。「ふぐ」はご存じ冬の美味。「コウホネ」は夏に黄色い花が咲くスイレンの一種。

第17問　②冬枯れ　正答率45%

「霜枯れ」は草木が霜で茶色に枯れた風景なので寂しく、風情は今ひとつかもしれない。「雪枯れ」という言い方はない。

国語常識問題 8

第18問　次のなかで、熟字訓はどれでしょうか。

①浪漫
②檸檬
③時雨

第19問　次のなかで、誤っているのはどれでしょうか。

①彼は、寸暇を惜しまず働いた。
②彼は、骨身を惜しまず働いた。
③彼は、寸暇を惜しんで働いた。

第20問　次の俳句の（　）に入るのは、どれでしょうか。

「去年今年（こぞことし）貫く（　）の如（ごと）きもの」〈高浜虚子〉

①棒
②槍（やり）
③柱

第18問　③時雨　正答率62％

「ロマン、レモン」は外来語に漢字の音を当てた独特の書き方。「倶楽部（クラブ）、型録（カタログ）」などと同じである。初冬のにわか雨である「しぐれ」は「時雨」と書き、「時雨煮」にも使われる。

第19問　①彼は、寸暇を惜しまず働いた。　正答率46％

「骨身を惜しまず」は面倒なことや苦労をいやがらないで励むこと。「寸暇」はわずかな暇なので、息抜きできる時間と置き換えることができる。①では「休むことをいやがらずに働く」ことになってしまう。「休む時間をもいやがって働く」のだから、これでは意味が通らない。

第20問　①棒　正答率15％

「貫く」という語から「槍」を連想したかもしれないが、年末年始に武具は合わない。「柱」は縦に貫き何かを支えるものでどっしりと動かないものである。柱だとすると年が明けないことになりかねない。

漢字問題 8

次の漢字の読み方を答えてください。

第1問 **外套**（　　　）

第2問 **菅笠**（　　　）

第3問 **喧噪**（　　　）

第4問 **晩餐**（　　　）

第5問 **垂涎**（　　　）

第6問 **脾臓**（　　　）

第7問 **厩舎**（　　　）

第8問 **謙遜**（　　　）

第9問 **範疇**（　　　）

第10問 **仇敵**（　　　）

難易度：★★☆　合格点：85点以上

第1問　外套（がいとう）　正答率78％
オーバーコートのこと。衣類には使われなくなったが、貝類の外套膜ということばは残っている。

第2問　菅笠（すげがさ）　正答率55％

第3問　喧噪（けんそう）　正答率85％

第4問　晩餐（ばんさん）　正答率94％
「晩餐会、最後の晩餐」などのように普通の食事よりは高級感が漂う。

第5問　垂涎（すいぜん）　正答率29％
「涎」は「よだれ」、漢字のつくりからは「エン」と読みたくなるが「垂涎の的」という成句として読みも覚えておこう。

第6問　脾臓（ひぞう）　正答率91％

第7問　厩舎（きゅうしゃ）　正答率67％

第8問　謙遜（けんそん）　正答率96％

第9問　範疇（はんちゅう）　正答率83％
「疇《ちゅう》」は耕した畑の意味で、畑の境を示す畝《うね》のことだ。そこから、種類、たぐいを意味する。現代文では「範疇」以外にはあまり使わない漢字である。

第10問　仇敵（きゅうてき）　正答率53％

漢字問題 8

次のなかで正しい表記はどれでしょうか。

第11問　カンシンに堪えない
①関心
②感心
③寒心

第12問　ハイスイの陣
①杯水
②背水
③配水

第13問　公共事業をシンコウする
①振興
②新興
③伸興

第11問　③寒心　正答率49％

「関心」は興味、「感心」は驚き賛嘆すること。「寒心」は恐ろしくぞっとすることで文字通り心が寒くなるような状態。それに堪えることはできないという意味になる。

第12問　②背水　正答率98％

戦陣を組む場合、背後に湖水や大河を置くとそれ以上退却はできない。漢の韓信が背水の陣を敷き、趙の軍勢を破った故事がある。必死の覚悟で事に当たる場合に言う。

第13問　①振興　正答率88％

「振興」と「新興」はどちらも勢いを盛んにすることを含むが、「振興」は単に盛んにすることで、「新興」は新たに起きる意味を含む。「新興産業、新興企業」などと使う。「伸興」はありそうな熟語に見えるが実はない。

漢字問題 8

（　）に入る漢字２字を書いてください。

第14問　公明（　　）

第15問　渾然（　　）

第16問　（　　）適所

（　）に共通する漢字１字を書いてください。

第17問　（　）化、（　）別、区（　）、（　）限

第18問　（　）方、（　）域、（　）暦、（　）瓜

第19問　（　）母、（　）歯、豆（　）、（　）児

第20問　目（　）、図（　）、明（　）、（　）雲

第14問　正大　正答率67％

第15問　一体　正答率32％

いくつかのものが混じり合って区別できないように一体となること。「混然」とも書く。

第16問　適材　正答率90％

人事異動のときによく使われる。能力を評価して、適切な地位につけるという意味だが、降格や横滑りの言い訳にも使われる。

第17問　分　正答率57％

「分別」は「フンベツ」と読めば物の道理を判断すること、「ブンベツ」と読むとゴミなどを種類ごとに分けること。

第18問　西　正答率56％

「西方」は「サイホウ、セイホウ」両方の読みがある。「サイホウ」は仏教用語で極楽浄土のある方角。「セイホウ」は単に西の方向になる。

第19問　乳　正答率79％

「ちち」と「ち」の読み方は難しいので注意が必要だ。「乳房、乳付け、乳下がり」は「ち」と読み、「乳臭い、乳搾り」は「ちち」と読む。

第20問　星　正答率28％

「図星」は「狙った所、急所」という意味だが、もとは弓の的の中心の黒い点を言った。「図星を指す、図星を突く」と言う。

国語常識問題 9

難易度：★★★　合格点：75点以上

第1問　武田信玄が用いた「風林火山」の由来となった文句の出典は。
　① 『史記』　② 『孫子』　③ 『葉隠』

第2問　次の俳句中の（　）に入るのはどれでしょうか。
「（　）雪の深さを尋ねけり」〈正岡子規〉
　① 庭の子に　② いくたびも　③ 元日や

第3問　誤っている仮名遣いはどれでしょうか。
　① うなづく　② つくづく　③ かたづく

第4問　「かぼちゃ（野菜）」ということばはどの国のことばに由来しているでしょうか。
　① ポルトガル　② ペルー　③ カンボジア

第1問　②『孫子』　正答率54％
『史記』は中国・前漢の司馬遷が書いた歴史書。『孫子』は孫武が書いたとされる兵学書。このなかの一節から武田の旗印の文句が選ばれた。『葉隠《はがくれ》』は江戸時代鍋島藩の武道思想書なので時代が合わない。

第2問　②いくたびも　正答率44％
子規は晩年、病のため東京・上根岸の子規庵を離れられなかった。この句は病床で家人に降った雪の深さを尋ねている句である。

第3問　①うなづく　正答率65％
現代仮名遣いでは、「づ」は繰り返すことばや、もとの「つく」の意味が残っている場合などに限って使うことを認めている。

第4問　①ポルトガル　正答率63％
「かぼちゃ」は十六世紀の天文年間にポルトガル人が日本へ持ってきた。そのとき「カンボジアから持ち込んだ」ということで名前がついた、原産地は中南米だが、はるばるカンボジア経由で日本へ渡ってきたのだ。ことば自体はポルトガル語である。

国語常識問題 9

第5問　次の四字熟語の意味として正しいのは、どれでしょうか。

才子佳人

①すぐれた知恵をもつ人物には、外見の美しさも備わっているということ
②才能ある男性は、美しい女性を好むものであるということ
③非常にすぐれた、好一対の男女のこと

第6問　次のなかで、不適切な文はどれでしょうか。

①いろいろ文句をつけたあげく、何もしてくれなかった。
②さんざんな目にあったあげく、失敗した。
③さまざまな苦労を重ねたあげく、事業が成功した。

第5問　③　非常にすぐれた、好一対の男女のこと。　正答率34％

四字熟語には二字ずつ組になるものが多い。「才子佳人」は「才子」と「佳人」の組からなることばだ。「才子」は才能と知恵がある頭のよい人という意味だ。「佳人」は美しい女性。新郎新婦などに対する褒めことばとしてよく用いられる熟語。

第6問　③　さまざまな苦労を重ねたあげく、事業が成功した。　正答率56％

「あげく」は俳諧や連歌の最終句「挙げ句、揚げ句」のこと。そこから、「いろいろやってみたが結局は」という意味に使われ、あとには否定的な内容が続くのが普通だ。③は良い結果なのでふさわしくない。

国語常識問題 9

第7問　次のなかで、適切な文はどれでしょうか。

① **鉛筆を、ご用意してください。**
② **鉛筆を、用意なさってください。**
③ **鉛筆を、用意いたしてください。**

第8問　次のなかで、訓読みの字はどれでしょうか。

① **世（よ）**　② **絵（え）**　③ **地（ち）**

第9問　次の四字熟語の表記として正しいものは、どれでしょうか。

キョクジツショウテン

① **極日衝天**
② **旭日昇天**
③ **局日聖天**

第10問　中宮（のち皇后）定子に仕え、文学作品を手がけ歌人としても活躍した女性は。

① **紫式部**　② **赤染衛門**　③ **清少納言**

第7問　②鉛筆を、用意なさってくださ
　　い。　正答率50%
　敬語を使うとき気をつけることは「後ろを重く」ということだ。①の「ご（御）～する」は相手の動作についての敬意にはならないので注意しよう。③の「いたす」は自分の動作の謙譲表現。②の「なさる」は相手が「する」ことの尊敬表現。

第8問　①世（よ）　正答率41%
　訓読みだと思っていても実は音読みであるという漢字がある。「駅、菊、肉、絵、恩、王、乙、吉、弐」などは音読みなので注意しよう。「絵」は、「カイ、エ」ともに音読みで、訓読みはない。

第9問　②旭日昇天　正答率79%
「衝天」は勢いが盛んなことで「意気衝天」という四字熟語がある。「昇天」は天高く昇ること。また、復活後のキリストが帰天したことや、死んだキリスト教徒の魂が天に昇ることをいう。「聖天」は「大聖歓喜自在天」の略称で、災難よけ、夫婦和合の仏として信心が盛んで、「ショウデンサマ」とも呼ばれる。

第10問　③清少納言　正答率68%
　紫式部は藤原為時の娘で中宮彰子に仕えた。赤染衛門は、藤原道長の妻倫子とその娘彰子（紫式部と同じ主）に仕えた。『枕草子』で名高い清少納言が仕えたのが定子。

国語常識問題 9

第11問　次のなかで、不適切な文はどれでしょうか。

①**お気軽にお求めできます。**
②**お気軽にお求めになれます。**
③**お気軽にお求めいただけます。**

第12問　次のなかで、不適切な文はどれでしょうか。

①**彼のほうから先に、口を切った。**
②**今回も、彼が話の口火を切った。**
③**まず彼が唇を切って、議論が始まった。**

第13問　次の動詞のなかから、活用の種類が異なるものを選んでください。

①**食う**　②**寝る**　③**遊ぶ**

第14問　次のなかから、「常用漢字」を選んでください。

①**亀**　②**鶴**　③**寿**

第11問　①　お気軽にお求めできます。　正答率51％

①は単なるていねい表現で終わっているので適切とは言えない。②と③を比べると③のほうが敬意の度合いが高い。

第12問　③　まず彼が唇を切って、議論が始まった。　正答率63％

「言い始める」という表現には①、②の言い方を多く使う。「口を切る」にはほかに瓶《びん》や樽《たる》の封を切るという意味もある。「口火」にはガス器具の点火に使う種火の意味もあるが、ここでは火縄銃の点火に使う種火のこと。

第13問　②　寝る　正答率44％

五段活用と一段活用の違いである。五段活用は「ない」がつくときに語幹が「ア列」の音で終わる。下一段活用は「エ列」の音で終わる。

第14問　③　寿　正答率49％

めでたいことばでも常用漢字にないものが多い。千年万年の寿命を持つという「鶴《つる》」も「亀《かめ》」も含まれていない。動物名で、常用漢字にあるのは「猿、蚊、牛、蛍、鶏、鯨、犬、蚕、蛇、象、虫、豚、馬、猫、羊」など。

国語常識問題 9

第15問　次の四字熟語の正しい表記はどれでしょうか。

ジキトウライ

① **時機到来**
② **時期到来**
③ **時季到来**

第16問　次の枕詞は、どのことばにかかるでしょうか。

あらたまの

① **命**
② **年**
③ **朝日**

第17問　次のなかで、適切な文はどれでしょうか。

① **祝電が参っております。**
② **父が直接お迎えに参ります。**
③ **何時ごろこちらに参られますか。**

第15問　①時機到来　正答率67％
「じき」の使い分けだが、「時機」は何かを行うのにちょうど適した機会。「時期」は何かを行う期日や期間。「時季」は何かを行うのにふさわしい季節。似た熟語として「時宜《じぎ》」は頃合《ころあ》いがちょうど良いこと。

第16問　②年　正答率47％
枕詞の問題。「命」にかかるのは「たまきわる」。「朝日」は「あかねさす」がかかり、「あらたまの」は「年、月、日、春」などにかかる。

第17問　②父が直接お迎えに参ります。　正答率63％
「参る」は「来る、行く」の謙譲表現なので自分についてしか使えない。③は相手の行為なので「いらっしゃる」を使うべきだ。①は司会者など当事者側を高めてはいるが、祝電を発信した側への敬意が欠けている。「祝電をご披露いたします」「祝電をいただいております」などが適当だと考えられる。

国語常識問題 9

第18問　「よう」を用いた文のなかから、働きの異なるものを選んでください。

①**彼女の肌は、雪のような白さだ。**

②**あすは、晴れるようだ。**

③**眠っているようなら、起こさないでいいよ。**

第19問　次のなかで、適切な文はどれでしょうか。

①**なだめられて、すっかりほとぼりが癒えた。**

②**ほとぼりが消えるまで、姿を隠そう。**

③**感激のあまり、まだほとぼりが冷めない。**

第20問　「可（い）いか、宮さん、一月の一七日だ。来年の今月今夜になったならば、～」の文で知られる『金色夜叉（こんじきやしゃ）』の著者はだれでしょうか。

①**山田美妙**

②**尾崎紅葉**

③**島崎藤村**

第18問　①彼女の肌は、雪のような白さだ。　正答率52％
助動詞「ようだ、ような」にはさまざまな意味がある。①は、同類の事物をあげて、ありさま、様子を示す。②、③は、不確かな断定を表す。このほかに、勧誘を表す「一緒に食べよう」、決意を表す「勉強しよう」、仮想を表す「落ちようものなら命はない」、まもなく実現することを表す「家を出ようとするときに」などさまざまな使い方がある。

第19問　③感激のあまり、まだほとぼりが冷めない。　正答率38％
「ほとぼり」は余熱、高まった感情（怒りや喜び）が冷めきれずに残っていること、世間の関心という意味がある。①と③は感情の高まりの余韻、②は世間の関心。しかし、「ほとぼり」は「癒え」たり「消え」たりするものではなく「冷める」ものなので③が正解になる。

第20問　②尾崎紅葉　正答率77％
山田美妙と尾崎紅葉は硯友社を興し、言文一致の文芸活動を繰り広げた。代表作は美妙が『蝴蝶』、紅葉は『金色夜叉』『多情多恨』。『金色夜叉』の舞台となった熱海にはお宮の松がある。島崎藤村は「文学界」を創刊。代表作は『破戒』『夜明け前』など。

漢字問題 9

次の漢字の読み方を答えてください。

第1問　猪武者（　　　）

第2問　尖塔（　　　）

第3問　趨勢（　　　）

第4問　屠蘇（　　　）

第5問　鷹匠（　　　）

第6問　鳳凰（　　　）

第7問　鼎談（　　　）

第8問　剪定（　　　）

第9問　茶碗（　　　）

第10問　小豆粥（　　　）

難易度：★★☆　合格点：80点以上

第1問　猪武者（いのししむしゃ）　正答率27％

第2問　尖塔（せんとう）　正答率73％

第3問　趨勢（すうせい）　正答率61％

　これから先の情勢を示す現在の状況のこと。「趨」は走る、赴くという意味。

第4問　屠蘇（とそ）　正答率68％

「屠蘇延命散（屠蘇散）」を酒・みりんに漬けたもののことで年始に飲む。山椒、肉《にっ》桂《けい》などの漢方薬を配合したもの。

第5問　鷹匠（たかじょう）　正答率33％

狩りに使う鷹を飼い慣らし、使う人。

第6問　鳳凰（ほうおう）　正答率95％

第7問　鼎談（ていだん）　正答率34％

「鼎《かなえ》」は食べ物を煮炊きする金属器で三本足のものが多い。この形で三人が向かい合って話をすること。

第8問　剪定（せんてい）　正答率86％

第9問　茶碗（ちゃわん）　正答率98％

「碗」はもともとは「椀」と書いていたが、木製のものを「椀」、焼き物でできているものを「碗」と区別するようになった。

第10問　小豆粥（あずきがゆ）　正答率88％

漢字問題 9

次のなかで正しい表記はどれでしょうか。

第11問　**北北西にシンロをとる**

① **針路**
② **進路**
③ **新路**

第12問　**心配はキユウに終わった**

① **気憂**
② **祈憂**
③ **杞憂**

第13問　**オンジョウ主義**

① **温情**
② **恩情**
③ **御情**

第11問　①　針路　正答率74％
「進路」は進むべき道筋、人生の方向。「新路」は新しい道路。「針路」は船や飛行機が進む方向で、子午線との角度を言う。コンパス（羅針盤）がある場合は「針路」と言うと覚えておくとよい。

第12問　③　杞憂　正答率86％
「杞憂」は取り越し苦労のこと。中国・周の時代に、杞の国の人が「天が落ちてくる」と、無用な心配をしたという故事から生まれたことば。

第13問　①　温情　正答率58％
「恩情」は情けがある心、恩愛の情。「温情」は他の人に対して思いやりがあること。「御情」では「おなさけ」と読まれかねない。

漢字問題 9

（　）に入る漢字2字を書いてください。

第14問　初（　　）徹

第15問　獅（　　）迅

第16問　茫（　　）失

（　）に共通する漢字1字を書いてください。

第17問　（　）賀、（　）功、（　）波、（　）魚

第18問　王（　）、（　）司、迷（　）、竜（　）

第19問　大（　）、（　）配、（　）質、（　）心

第20問　（　）心、（　）得、（　）席、（　）釈

第14問　志貫　正答率 52%

第15問　子奮　正答率 55%

勇猛に戦うことの形容。「獅子奮迅の勢い（活躍）」と用いる。

第16問　然自　正答率 62%

「呆然自失」とも書き、あきれたりあっけにとられたりして、我を忘れてしまうこと。「茫然自失の体」と書いて「ボウゼンジシツノテイ」と読むので注意してほしい。

第17問　年　正答率 40%

「年魚」は「あゆ」と読む。「年波」は「としなみ」で「寄る年波」などの使い方がある。

第18問　宮　正答率 62%

「宮」は「キュウ、グウ、ク、みや」の音訓がある。

第19問　気　正答率 29%

「気」の音は「キ、ケ」。「気質」は「キシツ」と読むとその人に備わった性質。「かたぎ」と読むと特定の職業や環境の人に共通した特有の気性を言う。

第20問　会　正答率 58%

「会心」は心の底から満足することで、「会心の作」などと用いる。「会得、会釈」はエと読む。「会席」は和歌や茶道の集まり、また、会席料理のこと。

国語常識問題 10

第1問　次の四字熟語の表記として正しいのは、どれでしょうか。

イチレンタクショウ

①一蓮托生
②一廉拓生
③一連巧生

第2問　次のなかから、正しい表現の文を選んでください。

①戦いの火ぶたが、切って落とされた。
②戦いの火ぶたが、落とされた。
③戦いの火ぶたが、切られた。

第3問　次の四字熟語の意味として正しいのは、どれでしょうか。

月下氷人

①寒い夜に、屋外で凍えそうになっている人
②男女の縁をとりもつ人
③目もと涼しく美しい、月の都から来たような人

難易度：★★☆　合格点：85点以上

第1問　①一蓮托生　正答率84％
仏教では死後同じ蓮の葉の上に生まれ変わるということから、運命をともにするという意味で使われる。

第2問　③戦いの火ぶたが、切られた。　正答率25％
「火ぶた」は種子島銃の構造から来ていることば。火縄銃に必要な点火装置を火皿という。この火皿を覆うのが火蓋《ひぶた》だ。「火蓋を切る」は点火する直前の動作になる。「切って落とす」「落とす」とはならない。「幕を切って落とす」との混同から生まれた表現のようだ。

第3問　②男女の縁をとりもつ人　正答率38％
「月下氷人」は「月下の氷人」ではなく、「月下老人」と「氷人」が合わさってできたことば。「月下老人」は唐の時代の伝説で、月夜に会った老人から未来の妻を予言されるという話。「氷人」は、晋の時代の、氷が解けたころに仲人《なこうど》をするだろうという夢占いの話がもとになった。結婚の仲人を「月下氷人」と言う。

国語常識問題 ⑩

第4問　次の文の「な」のうち、働きの異なるものはどれでしょうか。

① **海は広いな大きいな。**
② **大きなのっぽの古時計。**
③ **静かな湖畔の森のかげ。**

第5問　「今か今かと待ちかねる様子」の表現として正しい文はどれでしょうか。

① **開演を、今や遅しと待っている。**
② **開演を、今は遅しと待っている。**
③ **開演を、今も遅しと待っている。**

第6問　次の俳句中の（　　）に入るのはどれでしょうか。

「降る雪や（　　）は遠くなりにけり」〈中村草田男〉

① **明治**
② **都**
③ **故郷**

第4問　①海は広いな大きいな。　正答率87％

②、③は形容動詞、①は感嘆の意味を表す助詞。

第5問　①開演を、今や遅しと待っている。　正答率87％

「今は遅し」で覚えている人がいるようだが、「今や」の「や」は、詠嘆の意味を伴って強める助詞。

第6問　①明治　正答率42％

この句は中村草田男が昭和六年、大学生のころの作品。母校である東京・港区の青南小学校を訪れたときの作だ。

国語常識問題 ⑩

第7問　「二月」の月の異名は、どれでしょうか。

①　**睦月**　②　**如月**　③　**霜月**

第8問　次のなかで、適切な文はどれでしょうか。

①　**もう、朝食はいただかれましたか。**

②　**さきほど、おいしいケーキをいただきました。**

③　**遠慮せずに、たくさんいただいてくださいね。**

第9問　次の「いる」のなかで、意味が異なるのはどれでしょうか。

①　**父は家にいる。**

②　**その答えで合っているよ。**

③　**朝から雪が降っている。**

第10問　「傘寿(さんじゅ)」とは、何歳(または何歳のお祝い)のことを指すでしょう。

①　三十歳　②　六十歳　③　八十歳

第7問　②如月　正答率84%

「睦月《むつき》」は一月、「霜月《しもつき》」は十一月の異名。

詳しくは『国語力アップ400問』（二〇〇三年五月刊行）の解説（一九五ページ）を参照。

第8問　②さきほど、おいしいケーキをいただきました。　正答率94%

謙譲語を誤って使う人が多い。「いただく」は自分が食べること。①、③は相手が食べることを言っているのだから、正しくは「召しあがる」でなくてはならない。

第9問　①父は家にいる。　正答率65%

②、③は状態を示す補助動詞である。①は人間や動物などの存在を示す動詞。

第10問　③八十歳　正答率74%

還暦以降の長寿の祝いは文字による洒落《しゃれ》を含んだものが多い。「㐂」は「喜」の略字で七十七を「喜寿」。「仐」は「傘」の略字で八十を「傘寿」。「卒寿」は「卆」で九十、九十九は百マイナス一で「白寿」などがある。

国語常識問題 10

第11問　次のなかで、最も敬意の高い文を選んでください。

①○○様が、見えられました。

②○○様が、来られました。

③○○様が、おいでになりました。

第12問　次のなかで、外来語はどれでしょうか。

①襦袢（じゅばん）　②浴衣（ゆかた）　③足袋（たび）

第13問　次のなかから、送りがなが誤っているものを選んでください。

①快（こころよ）い　②爽（さ）わやかだ　③試（こころ）みる

第14問　「国境の長いトンネルを抜けると雪国であった」の始まりで有名な、小説『雪国』の作者は、次のだれでしょうか。

①川端康成　②横光利一　③菊池寛

第11問　③　○○様が、おいでになりました。　正答率79%

①は「お見えになりました」が望ましい。②は尊敬の助動詞を使った敬意表現で③に比べると敬意は高くない。相手がいる場所での敬語の使い方には気をつけよう。

第12問　①　襦袢（じゅばん）　正答率77%

どれも日本古来のことばのように見えるが、「襦袢」はポルトガル語の「ジバン」から来たことば。「浴衣」も「足袋」も熟字訓だ。

第13問　②　爽（さ）わやかだ　正答率80%

②は正しくは「爽やかだ」と表記する。

第14問　①　川端康成　正答率95%

川端の代表作は『雪国』のほか『伊豆の踊子』『禽獣』などだが、『掌の小説』という短編集も忘れがたい。新感覚派の横光は『春は馬車に乗って』『日輪』など。高松出身で「文藝春秋」の創刊者、菊池寛は『恩讐の彼方に』『父帰る』『真珠夫人』などである。

国語常識問題 ⑩

第15問　次の故事成語とほぼ同じ意味の四字熟語は、どれでしょうか。

五十歩百歩

① **大同小異**
② **千差万別**
③ **十人十色**

第16問　次のなかで、不適切な文はどれでしょうか。

① **全然問題ないよ。**
② **全然大丈夫だよ。**
③ **全然だめじゃないか。**

第17問　次のなかで、不適切な文はどれでしょうか。

① **私の出身地は、全国でも指折りの工業都市だ。**
② **その国は、世界でも指折りの犯罪多発地帯として知られている。**
③ **弟は、地域でも指折りの進学校に入学した。**

第15問　①大同小異　正答率88％

②、③は同じような意味でそれぞれに特色があるということだが「千差万別」は物について言い、「十人十色」は人について言う。「大同小異、五十歩百歩」は似たり寄ったりという意味。

第16問　②全然大丈夫だよ。　正答率66％

「全然」は昭和二十年代以降はあとに否定の表現がこなくてはいけないとされている。そのため現代では不適切な表現としては②となる。しかし、戦前には、「全然同意する」などの用例もあり、時代により判断が変化すると考えられる。

第17問　②その国は、世界でも指折りの犯罪多発地帯として知られている。　正答率68％

「指折り」は良いことについて言い、悪いことには使わないのが普通である。

国語常識問題 10

第18問　傍線の部分の品詞の構成が異なるのは、どれでしょうか。

①　**僕は、そんな車が欲しかったんだ。**
②　**兄は、早く結婚したいと思っているようだ。**
③　**誰もが、世界の平和を願っています。**

第19問　次のなかで、適切な文はどれでしょうか。

①　**あつくおわび申しあげます。**
②　**あつく御礼申しあげます。**
③　**あつくお喜び申しあげます。**

第20問　（　　）に入ることばを選んでください。

「雪ふれば（　　　）に花ぞさきにけるいづれを梅とわきてを（お）らまし」

〈紀友則・『古今和歌集』〉

①　**木ごと**　　②　**枯れ木**　　③　**梢（こずえ）**

第18問　①僕は、そんな車が欲しかったんだ。　正答率22％

①は形容詞、②、③は動詞（②は名詞＋サ変動詞）である。

第19問　②あつく御礼申しあげます。　正答率86％

こういう決まり文句は、慣用が重視される。「深くおわび申しあげます」「心よりお喜び申しあげます」となる。

第20問　①木ごと　正答率12％

枯れ木に花だと『花咲かじいさん』になってしまう。「梢《こずえ》」は「木末《こずえ》」で木の先端のこと。枝に降り積もった雪を白梅になぞらえて詠んだ歌。また、「木ごと」に漢字を当てると、「木＋毎→梅」となり、「梅」を表したものともいわれる。紀友則は三十六歌仙の一人。

漢字問題 ⑩

次の漢字の読み方を答えてください。

第1問 寒椿（　　　）

第2問 楷書（　　　）

第3問 謳歌（　　　）

第4問 艶書（　　　）

第5問 柚子（　　　）

第6問 椅子（　　　）

第7問 燭台（　　　）

第8問 精緻（　　　）

第9問 驚愕（　　　）

第10問 葛湯（　　　）

難易度：★☆☆　合格点：90点以上

第1問　寒椿（かんつばき）　正答率84%

木偏のつくりには春夏秋冬が付く。夏は「榎《えのき》」、秋は「楸《ひさぎ》」、冬は「柊《ひいらぎ》」である。

第2問　楷書（かいしょ）　正答率96%

第3問　謳歌（おうか）　正答率92%

第4問　艶書（えんしょ）　正答率51%

「つやがき」と読む場合は「き」を送る。

第5問　柚子（ゆず）　正答率96%

第6問　椅子（いす）　正答率98%

「椅」は「椅子」以外の熟語にはほとんど使われない漢字である。

第7問　燭台（しょくだい）　正答率82%

第8問　精緻（せいち）　正答率76%

「精」はくわしく、「緻」は細かいこと。

第9問　驚愕（きょうがく）　正答率92%

「驚」も「愕」も驚くことだが、「驚」は思いがけない恐ろしいことで驚くこと、「愕」は肝をつぶし、慌てふためくことと、少し意味が違う。

第10問　葛湯（くずゆ）　正答率73%

「葛」は植物。根から澱粉《でんぷん》を取る、これが「葛粉」。熱湯を注ぎかきまぜると、とろみが出て飲み物になる。

漢字問題 10

次のなかで正しい表記はどれでしょうか。

第11問　別の会社に販売をイタクする
①依託
②委託
③移託

第12問　彼女の演奏はアッカンだった
①圧感
②圧巻
③圧鑑

第13問　クジュウの選択
①苦渋
②苦汁
③苦重

第11問　②委託　正答率92％
「依」は寄る、「委」は「まかせる」、「移」は「うつす」という意味だ。「依託」は主導権は自分にあり、任せるのは仕事だけ。「委託」になると、自分の代理として仕事をやってもらうことである。

第12問　②圧巻　正答率87％
感情の問題なので「感」と思ってはいけない。「圧巻」の由来は、昔の中国で官吏《かんり》登用試験の優秀答案をすべての答案用紙の上に載せたという故事がもとになっているとも言われる。

第13問　①苦渋　正答率83％
「苦汁」は苦い汁のことで、「苦汁をなめる」という慣用句がある。苦しく辛いことは「苦渋」である。

漢字問題 ⑩

（　）に入る漢字2字を書いてください。

第14問　（　　　）同穴

第15問　二（　　　）脚

第16問　猪突（　　　）

（　）に共通する漢字1字を書いてください。

第17問　米（　）、白（　）、金（　）、汁（　）

第18問　初（　）、積（　）、（　）崩、（　）洞

第19問　（　）花、（　）事、（　）影、（　）傷

第20問　（　）山、（　）雨、（　）柱、（　）枕

第14問　偕老　正答率16％
国語常識問題6第9問（一〇〇ページ）参照。

第15問　人三　正答率91％

第16問　猛進　正答率92％

第17問　粉　正答率28％
「米粉」は白玉粉のような米を挽《ひ》いて粉にしたものをいうが、中国語読みをすると「ビーフン」となり、めん類の一種。「白粉」は音読みで「ハクフン」とも読めるが「おしろい」という読みが普通だろう。

第18問　雪　正答率71％
「雪崩」は「なだれ」という熟字訓。「雪洞」は「セッドウ」と読むと雪山で緊急避難用に掘る身を隠す穴のことになり、「ぼんぼり」と読むと紙の覆いがついている行灯《あんどん》のことになる。

第19問　火　正答率18％
「火」は「カ、ひ、ほ」という常用漢字の音訓がある。「火影」は「ほかげ」、「火傷《やけど》」は熟字訓で特殊な読みといえる。

第20問　氷　正答率33％
「氷雨《ひさめ》」が難しかったかもしれない。

あなたは、どっち派？

ここでは、「国語力テスト」とあわせて実施されている「あなたは多数派？　少数派？」の調査結果から、現在ゆれていることばの用法の一端を紹介します。この部分は塩田雄大が執筆しました。

ここでの結果はウェブ上でのアンケート結果をまとめたものであり、世論調査のように厳密なものではないことをご了承ください。

Q1

豚肉の入った中華まんじゅうのことを、今お住まいの地域では何と言いますか。

Ⓐ「肉まん」と言う（豚まんとは言わない）
Ⓑ「豚まん」と言う（肉まんとは言わない）
Ⓒ両方とも言うし、同じものを指す
Ⓓ両方とも言うが、指すものが違う

「西の豚まん、東の肉まん」という地域差がよく知られています。これは、「肉」と言ったらそもそも何の肉を指すか、ということと大きく関係しています。東日本では「肉」と言うと豚肉を思い浮かべる人が多く、「肉まん＝豚肉の入ったもの」という連想が自然につながります。いっぽう西日本では、「肉」は牛肉のことを指す習慣が強く、「肉まん」に豚肉が入っているのは納得いかない、偽装食品ではないか、と思う人もなかにはいます。これが、西日本

（1909人回答、2007年5-6月実施、現住所別）

で「豚まん」という呼び方が定着しやすかった背景の一つになっています。

若い人たちの間では、「肉まん」としか言わない、あるいは「豚まん」としか言わない、という単一的な答えが、比較的少なくなっています。また、「両方とも言うが、指すものが違う」という回答が、10代でわずかに多くなっています。普通の「肉まん」に対して、皮がフカフカで具も高級なものを「豚まん」と呼ぶような、一種の「格差」が形成されているのではないかと考えています。

先日寄ったコンビニでは、160円の「豚まん」と88円の「肉まん」とがあり、ここで私は「肉まん」を支持しました。

【Ⓐ58%、Ⓑ9%、Ⓒ28%、Ⓓ5%】

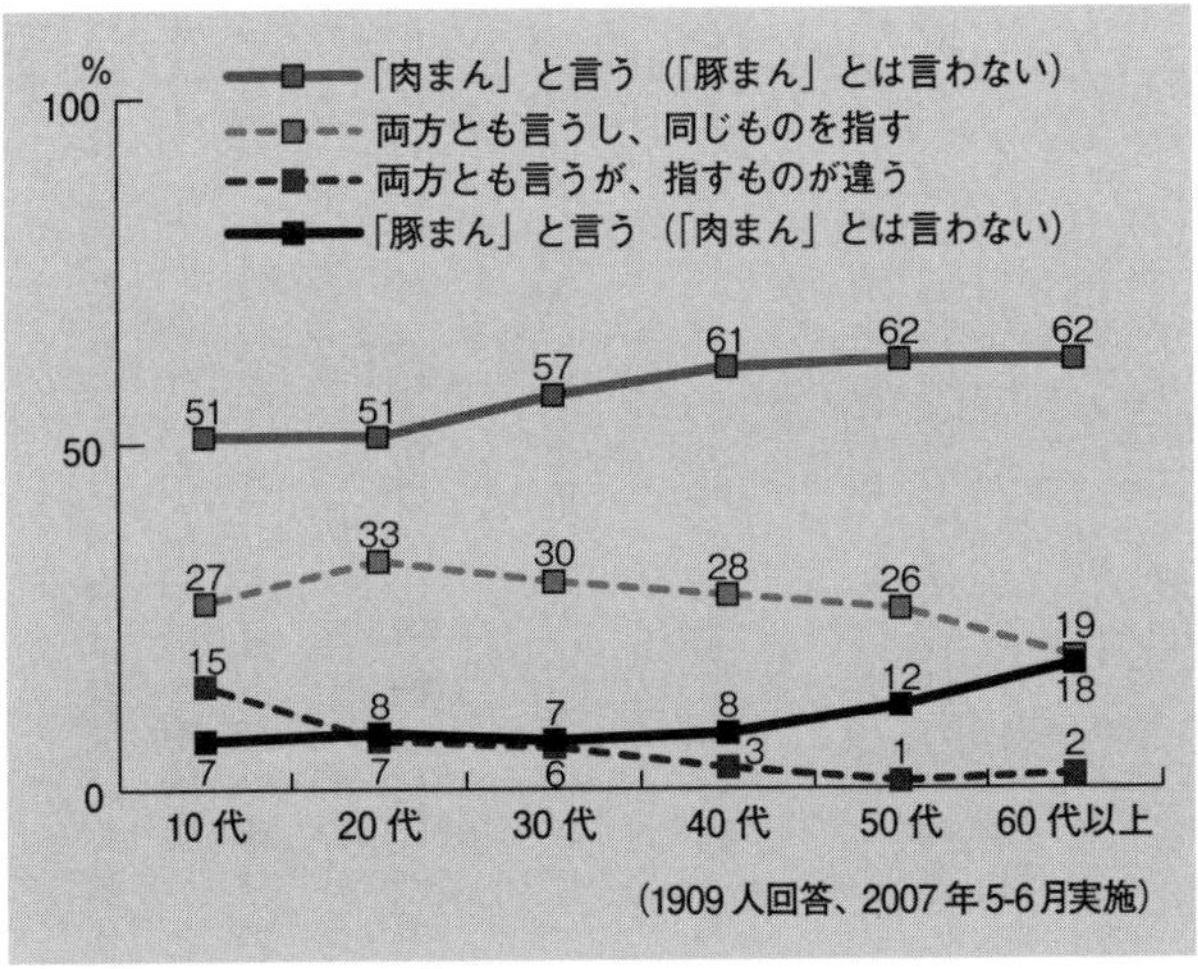

Q2

中国料理店などで、ご飯の上に野菜・肉のあんかけをかけた食べ物がありますが、これはどのように呼ばれているでしょうか。

Ⓐ「中華丼（どん）」としか言わない
Ⓑ「中華飯（はん）」としか言わない
Ⓒどちらも聞いたことがあるが、「中華丼」と言うことのほうが多い
Ⓓどちらも聞いたことがあるが、「中華飯」と言うことのほうが多い

おいしくて値段も手ごろ（ここが重要）で、私の大好きなメニューです。一説によると、この食べ物は、「ご飯の上に八宝菜《はっぽうさい》を載せてくれ」という客からの注文に応えて、昭和初期に生まれたものだということです。

これと同じような食べ物は中国にもありますが、「中華丼」あるいは「中華飯」という言い方は、あくまでも日本での呼び名です。中国では、「燴飯 huìfàn」というものが日本での「中華丼・中華飯」に当たるかと思います。

今回の調査結果を地域別に見てみると、「中華飯」という答え（ⒷとⒹとを足し合わせた数値）が、東海と東北にきわめて多いことがわかります。

今回の調査とは別に、「〜丼」と「〜飯」について各地域での使われ方を調査したことがあります。それによると、東海地方では「中華飯」をはじめとして「〜飯」という言い方が非常に一般的で、「天津丼」

よりも「天津飯」が、「麻婆丼」よりも「麻婆飯」が多く見られます。なお、このことと関係があるかどうかはわかりませんが、漫画『ドラゴンボール』に「天津飯《てんしんはん》」というキャラクターが出てきます。作者の鳥山明氏は、愛知県出身です。

なぜ東海地方で「〜飯」が多いのかは、まだわかっていません。私のこれまでの経験では、中華丼も天津丼も、牛丼のようなどんぶりではなくすべて平皿であり、東海地方で「〜飯」と呼ぶのは筋が通っているように思います。

【Ⓐ66％、Ⓑ3％、Ⓒ22％、Ⓓ8％】

（1667人回答、2005年7-8月実施、現住所別）

Q3

次のことばをどう読みますか。
「鶏肉」

Ⓐ「ケイニク」と読む（「トリニク」とは読まない）
Ⓑ「トリニク」と読む（「ケイニク」とは読まない）
Ⓒ「ケイニク」「トリニク」どちらの読み方もするが、自分はどちらかといえば「ケイニク」と読むことのほうが多い
Ⓓ「ケイニク」「トリニク」どちらの読み方もするが、自分はどちらかといえば「トリニク」と読むことのほうが多い

「鶏肉」という漢字をどう読むかについて尋ねたものです。一部の専門用語的な使い方としては、鳥類全般の肉を指す場合には「鳥肉」と書いて「トリニク」と読み、鶏《にわとり》の肉のみを指す場合には「鶏肉」と書いて「ケイニク」と読む、という使い分けもなされているようです。

今回の調査結果では、地域差がはっきりと表れました。東日本では「トリニク」が多く、いっぽう西日本では「ケイニク」も比較的多くなっています。

この理由として、東日本では、「トリニク」という言い方をふだんからよく使うので、漢字表記「鶏肉」が「トリニク」に結びつきやすいということが挙げられるのではないでしょうか。

いっぽう西日本では、日常のことばとして「ケイニク」という言い方を実際に使う

地域が一部にあることと、それに加えて「かしわ」という言い方をする地域が広く見られることが挙げられます。つまり、西日本ではふだん「トリニク」という言い方をあまりしないので、「鶏肉」という漢字と「トリニク」という読みとがそれほど結びつかないのではないでしょうか。

なお、現在用いられている「常用漢字表」では、「鶏」の漢字の読みには「ケイ」はあっても「トリ」はなく、「鶏肉」は「ケイニク」としか読めないことになっていいます。ただしマスコミでは、新聞・放送各社の取り決めで「鶏」に「トリ」の読みを追加しており、「鶏肉」を「トリニク」と読んでもかまわないことになっています。

【Ⓐ6％、Ⓑ56％、Ⓒ10％、Ⓓ28％】

（1667人回答、2005年7-8月実施、現住所別）

Q4

次のことばを漢字で書く場合、どのように書くのが自然だと思いますか。最も近いものをお答えください。
なまたまご　／　たまごやき

Ⓐ生卵／卵焼き
Ⓑ生玉子／玉子焼き
Ⓒ生卵／玉子焼き
Ⓓ生玉子／卵焼き

同じ「たまご」でも、それがどのような状態なのか、調理されたものなのかどうか、といったことによって、漢字の当て方が違うようです。街で探してみると、「玉子丼」はあっても「卵丼」は目にしたことがありません。すし店で書いてあるのは、ほとんどが「玉子」でしょう。

どうも、調理前のものは「卵」、きちんと火の通ったものは「玉子」というような使い分けがあるように考えられます。

今回の調査では、4つの選択肢のうちいちばん多かった回答は「生卵・玉子焼き」で、「火の通り具合によって書き方を使い分ける」という仮説が裏付けられているように思います。この「使い分ける」という回答の傾向は、男性（61％）のほうが女性（50％）よりも強くなっています。男性のなかには料理をあまりしない人も多く、そういう人にとっては、調理前の「卵」と、料理として完成した「玉子」とは、（調理に自分が関与していないので）別物として意識する傾向があるのではないか、と思われます。

この「使い分ける」という回答は、若い年代になるほど少しずつ多くなっています。今後、使い分け意識は強くなってゆくのではないでしょうか。

「玉子」という書き方は江戸時代の文学作品には見られますが、それがどのように一般化したのかはまだよくわかっていません。

また、鶏以外のもの（カメやインコなど）について「玉子」と書くと、やや違和感を覚えます。鶏の「たまご」は日常よく食べる機会のあるものであり、これと「それ以外のたまご」とをはっきり区別したいという発想も、「玉子」と「卵」との書き分け意識を支えているように思います。

【Ⓐ31％、Ⓑ10％、Ⓒ55％、Ⓓ４％】

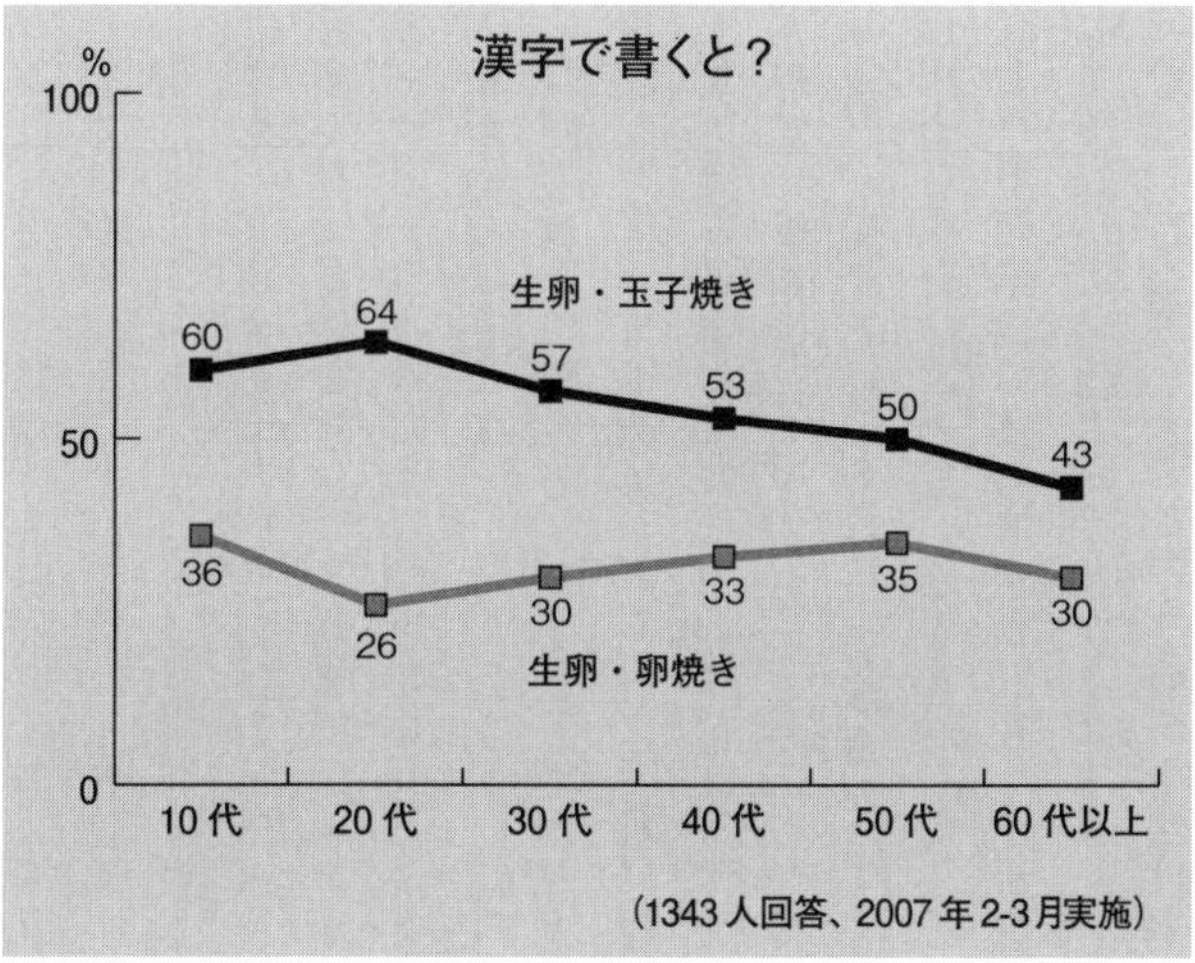

Q5

果物の名前についてうかがいます。次の2つの言い方のうち、いまお住まいの地域では、どちらが使われていますか。

Ⓐ「アボカド」という言い方しか聞いたことがない
Ⓑ「アボガド」という言い方しか聞いたことがない
Ⓒ両方とも聞いたことがあるが、どちらかといえば「アボカド」のほうが多い
Ⓓ両方とも聞いたことがあるが、どちらかといえば「アボガド」のほうが多い
Ⓔこの食べ物を知らない

このことばが日本語に入ってきたのは英語 avocado からですが、もともとはスペイン語、さらには中米先住民のナワトル語にまでさかのぼることばだそうです。

英語で avocado なので、近年では日本語でも「アボカド」という言い方・書き方が多くなっていますが、これまでは「アボガド」というように濁音が用いられることが多かったようです。

今回の調査に関して、Ⓑを「アボガド専用派（＝アボガドのみ）」とし、それに対してⒶとⒸとⒹとを足し合わせて「アボカド専用・併用派（＝アボカドも）」としてみると、50代より上では「アボガドのみ」が相当な割合を占めているのに対して、それより下の年代では「アボカドも」がかなり多くなっていることがわかります。

では、「アボガド」という形がなぜ日本

語で生まれたのでしょうか。ひとつには「日本語らしさ」の観点からの説明が可能です。

日本語は、もともと濁音が連続するのを嫌う言語だと言われています。やまとことば（和語）で、濁音が連続して出てくる単独の単語は、グズグズ・ズバリなどの擬声語・擬態語（およびそれに類するもの）を除くと、あまり思いつかないのではないでしょうか。逆に言うと、濁音が連続していることばは、特殊な「外来語らしく」聞こえます。この点で、「アボガド」は「アボカド」よりも外来語らしく響くために、このことばが入ってきた初期のころによく使われたのではないでしょうか。

【Ⓐ 11％、Ⓑ 30％、Ⓒ 30％、Ⓓ 29％、Ⓔ 0％】

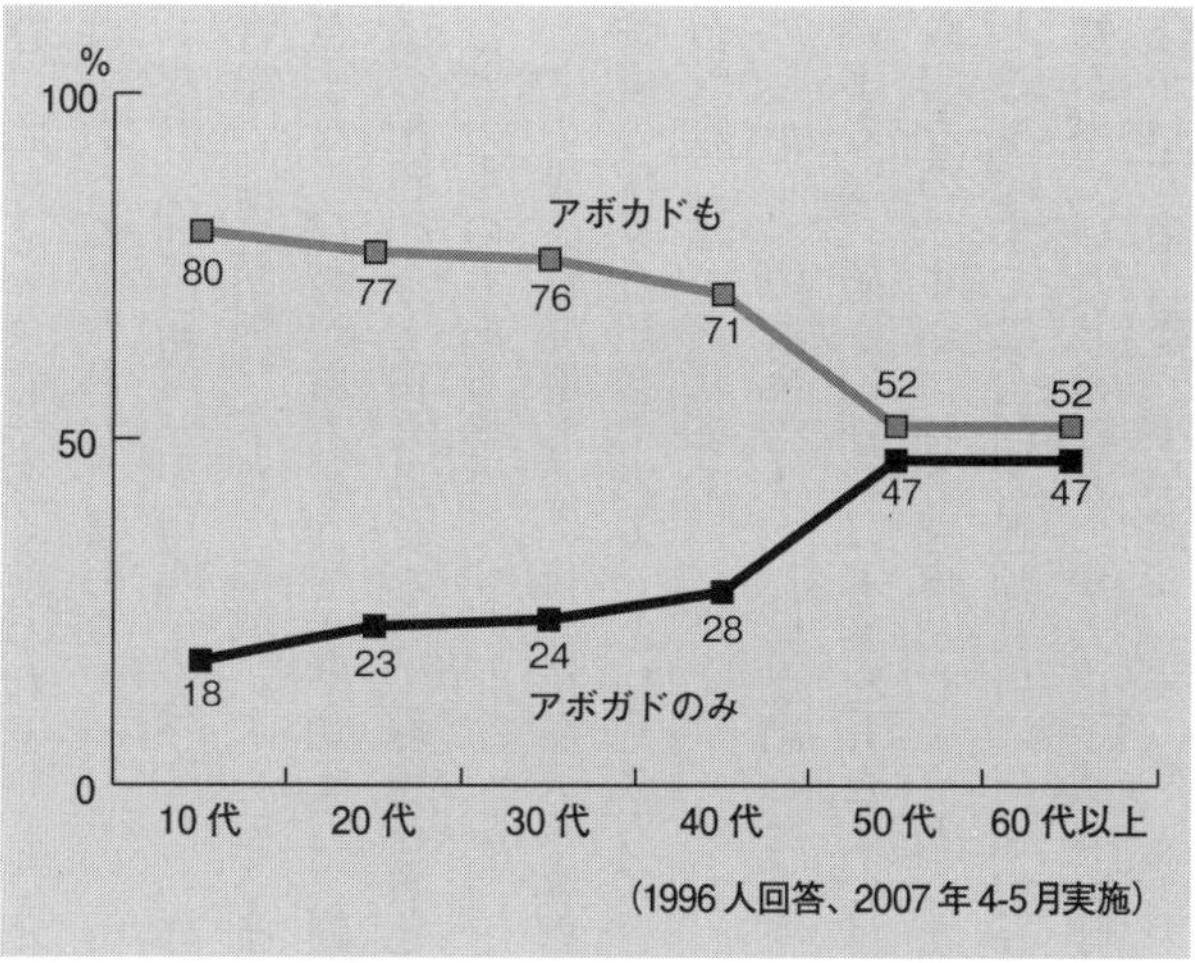

Q6

体育の授業や運動会・体育祭のときにかぶる帽子の呼び名についてうかがいます。通っていた学校での呼び名は、何でしたか。

Ⓐ紅白帽（こうはくぼう）
Ⓑ白紅帽（はくこうぼう）
Ⓒ赤白帽（あかしろぼう）
Ⓓ白赤帽（しろあかぼう）
Ⓔこれ以外の呼び方があったと思う

今回の調査では、全体としては「紅白帽」（29％）よりも「赤白帽」（60％）のほうが多い結果になりました。

ただし地域による差が大きく、それぞれの回答者が通っていた小学校の地域別に集計してみたところ、「紅白帽」は東日本、特に北海道・東北で多く使われていることばであることがわかりました。

なお、「紅白帽」「赤白帽」のほかに、「体育帽」「運動帽」など、地域によってさまざまな呼び名があるようです。加えて、帽子の配色が赤と白だけでなく、緑色や黄色などのものもあるそうです。

この帽子を発明したのは、落語家・喜劇俳優の柳家金語楼である、というように言われることがあります。

しかし、柳家金語楼の長男が記した書物によると、確かに独自に考案をしたことは事実なのですが、特許を申請しようとしたところ、すでに全国の運動具店に同様の品物が出ていたとのことです（山下武『嗚呼、懐かしの金語楼』小学館）。

このときに、柳家金語楼は何という名称で特許を申請しようとしたのでしょうか。

【Ⓐ29%、Ⓑ0%、Ⓒ60%、Ⓓ0%、Ⓔ11%】

（1748人回答、2006年12月-翌年1月実施、小学校在学地域別）

Q7

メールを書いて友人に出すときに、方言をまじえて書くことがありますか。

Ⓐ方言をまじえて書くことがほとんどである
Ⓑ方言をまじえて書くことがときどきある
Ⓒ方言をまじえて書くことはあまりない
Ⓓ方言をまじえて書くことはまったくない
Ⓔふだんメールを使わない

メールに方言をまじえるのは、親しみを表そうとする気持ちによるものかと思います。方言は「隠す時代」から「使いこなす時代」に移り変わってきたと言えるかもしれません。

ここでは、ⒶとⒷの回答を足し合わせたものを「方言をまじえて書くことがある」、

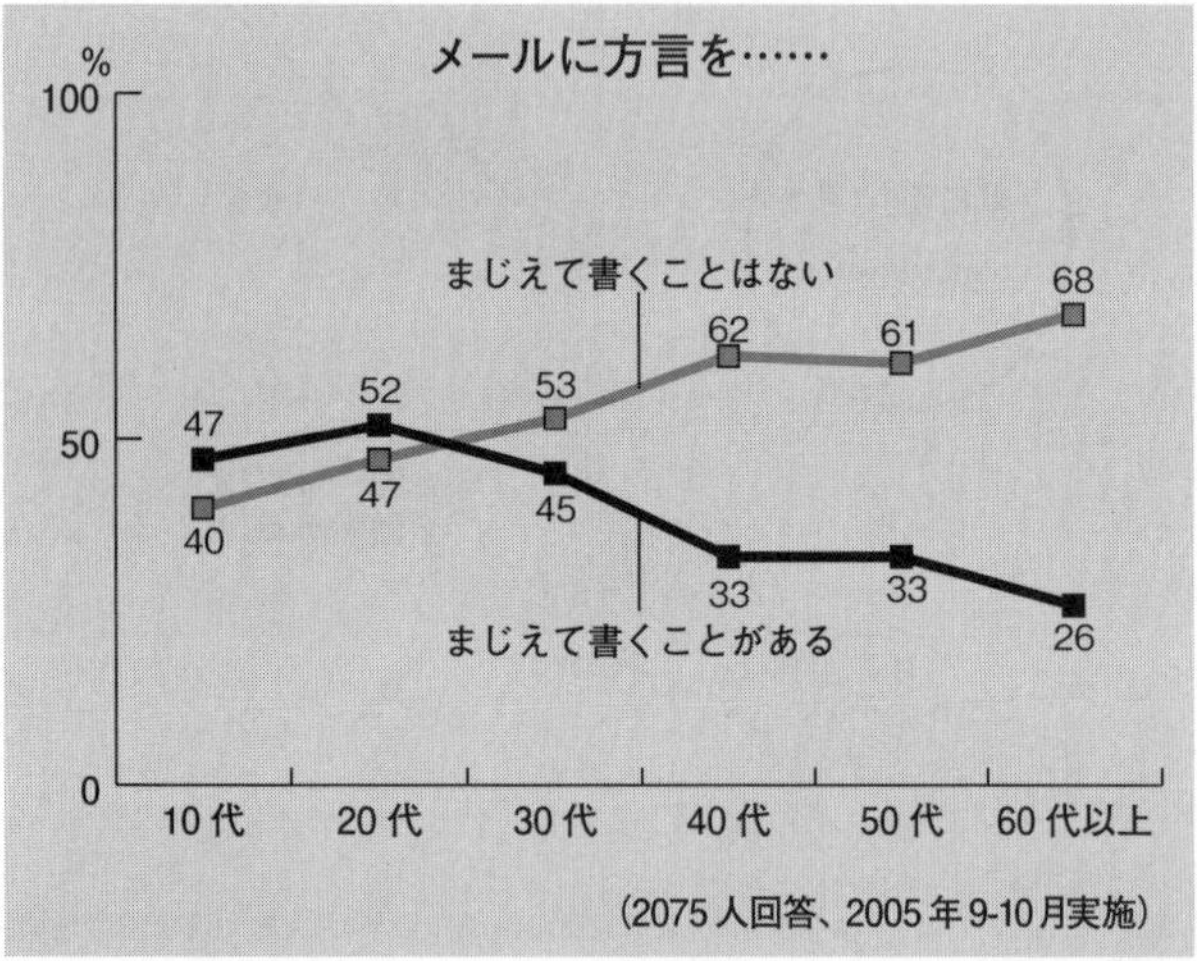

Ⓒと⒟の回答を足し合わせたものを「方言をまじえて書くことはない」として、まず年代差を見てみることにしました。すると、おおむね若い人ほど方言をよく使っていることがわかりました。

次に地域差を見てみると、西日本および北海道では方言の使用が多く、特に関西地方での数字の高さが際立っており、それ以外の東日本（東北・関東・甲信越）では比較的少ないことがわかりました。

これまでのさまざまな調査結果でも、「方言の使用は西高東低」という傾向が共通して表れてきていますが、メールでの方言使用についても、同じ結果になりました。

【Ⓐ 9%、Ⓑ 33%、Ⓒ 29%、Ⓓ 25%、Ⓔ 4%】

（2075人回答、2005年9-10月実施、現住所別）

Q8

「近刊」ということばについてうかがいます。これは、どちらの意味で使われることばでしょうか。

Ⓐ「まもなく出版される予定の本」（まだ出版されていない）という意味である

Ⓑ「最近出版された本」（すでに出版されている）という意味である

Ⓒどちらの意味もあるが、一般的によく使われるのは「まもなく出版される予定の本」という意味である

Ⓓどちらの意味もあるが、一般的によく使われるのは「最近出版された本」という意味である

「近刊」ということばは、現代の国語辞典を見ると、「近いうちに出版されること（本）」と「最近出版されたこと（本）」という二つの意味が載っています。おそらく、どちらかが伝統的な用法で、もう片方が新しいものだと想像できるのですが、現時点ではまだはっきりしたことはわかっていません。古い辞典類を見てみると、

「近近に刊行すること。近頃、刊行せられたること」（大正4年、大日本国語辞典）

「近きうちに出版する」（大正12年、字源）

「近いうちに出版すること。又近頃の出版」（昭和7年、新修漢和大字典）

「近日出版となること。近頃刊行されたこと」（昭和10年、辞苑）

というように、ずいぶん昔から両方の意味で使われていたようです。なお、明治・

大正のころの出版物の広告欄を見てみると、「近刻」ということばもあらわれています。私が見た限りでは、これは「まもなく出版される」という意味で使われていました。もしかすると、昔は、「近刻」が「出版される予定」、「近刊」が「出版されたもの」という使い分けがあったのかもしれません。

ここでは、Ⓐとⓒの回答を足し合わせて「まもなく出版される予定の本」、Ⓑとⓓを足し合わせて「最近出版された本」というようにして、年代差を見てみました。30代から50代にかけては「出版される予定」がかなり多いのですが、60代以上および10代・20代では「出版された」も少なくありません。

【Ⓐ59％、Ⓑ21％、Ⓒ13％、Ⓓ8％】

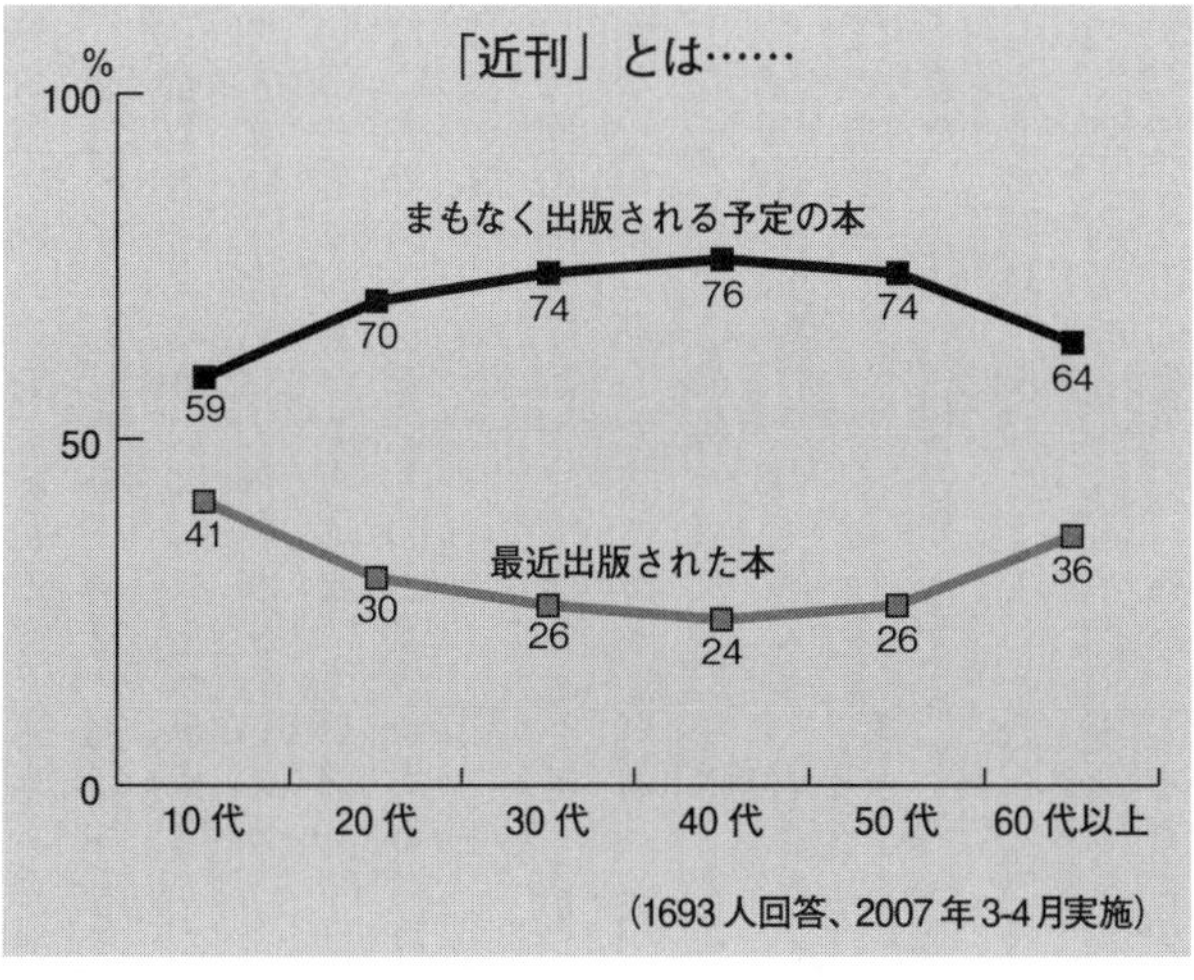

Q9

きょうが月曜日だとします。次の発言に対して、どのように解釈しますか。
「一両日中に御返事いたします」

Ⓐ 遅くとも火曜日（あした）までには返事をもらえるものと思う
Ⓑ 遅くとも水曜日（あさって）までには返事をもらえるものと思う
Ⓒ 遅くとも木曜日（しあさって）までには返事をもらえるものと思う
Ⓓ わからない

「一両日《いちりょうじつ》」というのは、もともと「一日または二日」という意味で、つまり「最長で二日」ということになります。「一両日中に」と言った場合、きょうを一日目・あしたを二日目と考えるか、きょうを含めずにあしたを一日目・あさってを二日目と考えるかによって、解釈が分かれてきます。どちらの解釈が正しいのか、ということよりも、もともと「あいまい」な言い方であると考えるのが妥当であるように思います。

今回の調査では、まず全体として一番多かったのが「あしたまで」という答え（61％）でした。この答えは女性（65％）のほうが男性（56％）よりも特に多く答えられています。

また、年代差が相当強く見られます。「あしたまで」は、60歳以上ではそれほど多くないのですが、30代では70％に達しています。若くなるに従って「あさってまで」が少なくなっているのは、社会全体がせっかちな方向に変化していることの反映なのかもしれません。あるいは、若い人は「もともと考え方がせっかち」なのかもしれませんね。

【Ⓐ 61%、Ⓑ 31%、Ⓒ 2%、Ⓓ 5%】

「一両日」はいつまで？

あしたまで: 10代 58、20代 61、30代 70、40代 63、50代 61、60代以上 45

あさってまで: 10代 14、20代 28、30代 26、40代 33、50代 36、60代以上 53

わからない: 10代 20、20代 10、30代 3、40代 2、50代 1、60代以上 0

（1269人回答、2006年10-11月実施）

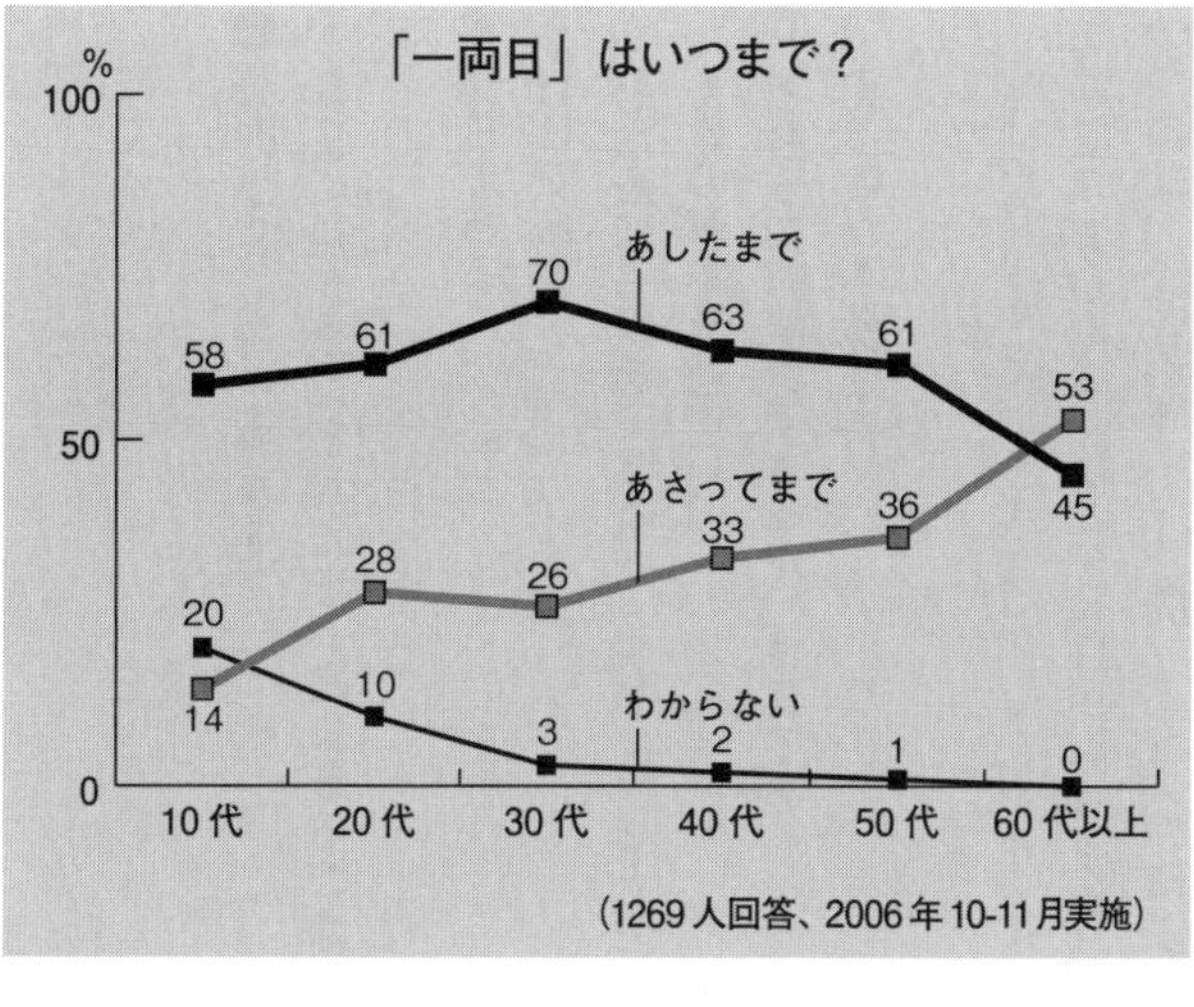

Q 10

次の文は、どのように解釈されるでしょうか。

❶「特急は1時間おきに出発します」

午前9時に特急が出発したとしたら、次に出発するのは……

Ⓐ午前10時である

Ⓑ午前11時である

Ⓒどちらにも解釈できるが、午前10時であると考えるのが本来は正しい

Ⓓどちらにも解釈できるが、午前11時であると考えるのが本来は正しい

❷「船は1日おきに来ます」

9日に船が来たとしたら、次に来るのは……

Ⓐ10日である

Ⓑ11日である

Ⓒどちらにも解釈できるが、10日であると考えるのが本来は正しい

Ⓓどちらにも解釈できるが、11日であると考えるのが本来は正しい

「〜おきに」という表現は、人によって受け取り方が違ってくる場合があります。一つには、「助数詞（〜時間、〜日）」によ

る違いがあります。今回の調査を見てみると、「1時間おきに」で主流な解釈は「毎時間」（9時の次は10時）であるのに対して、「1日おきに」では「2日に1回」（9日の次は11日）となっています。このような解釈の異なりに関連して、言語学者の定延利之さんは「24時間おきに」と「1日おきに」との違いなどを取り上げて説明しています（『日本語不思議図鑑』大修館書店）。

いっぽう今回の調査では、人による解釈の違い、つまり、この二つの文「1時間おきに」と「1日おきに」の解釈が、年代によってどのように違う傾向があるかを中心に見てみることにしました。Ⓐと©を足し合わせたものを「10［時／日］である」、ⒷとⒹを足し合わせたものを「11［時／日］

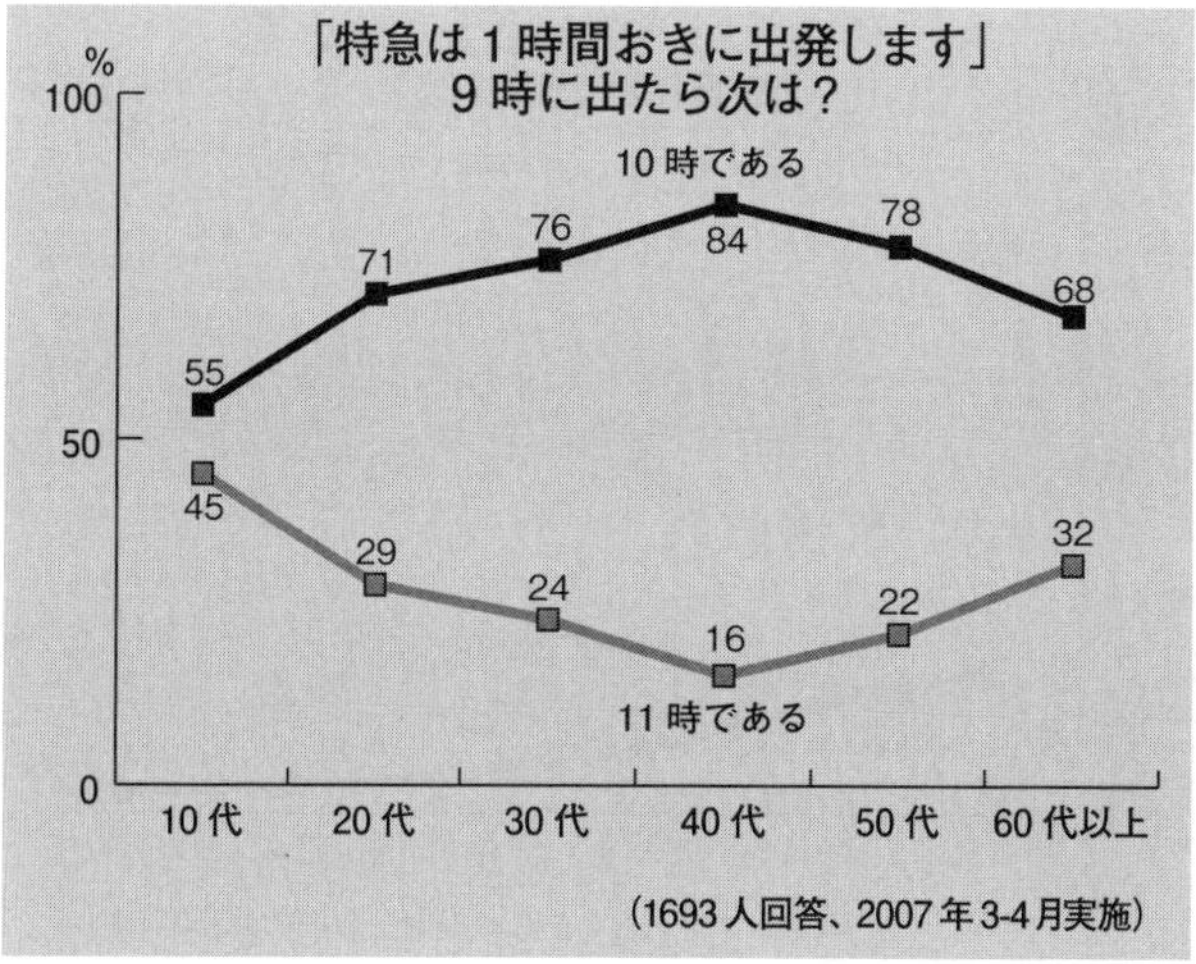

である」というようにして集計したものです。まず「1時間おきに」のほうは、40代では「10時」派が圧倒的に多いのですが、10代では両者の差はあまり大きくありません。解釈の面で、年代差の大きい表現だと言えます。

いっぽう「1日おきに」のほうでは、すべての年代を通して「11日」派が主流であるものの、年代が若くなるに従って「10日」派が徐々に多くなっています。どちらも、今後の言語変化を予想させます。

❶1時間おきに【Ⓐ67%、Ⓑ22%、Ⓒ7%、Ⓓ4%】
❷1日おきに【Ⓐ6%、Ⓑ83%、Ⓒ3%、Ⓓ8%】

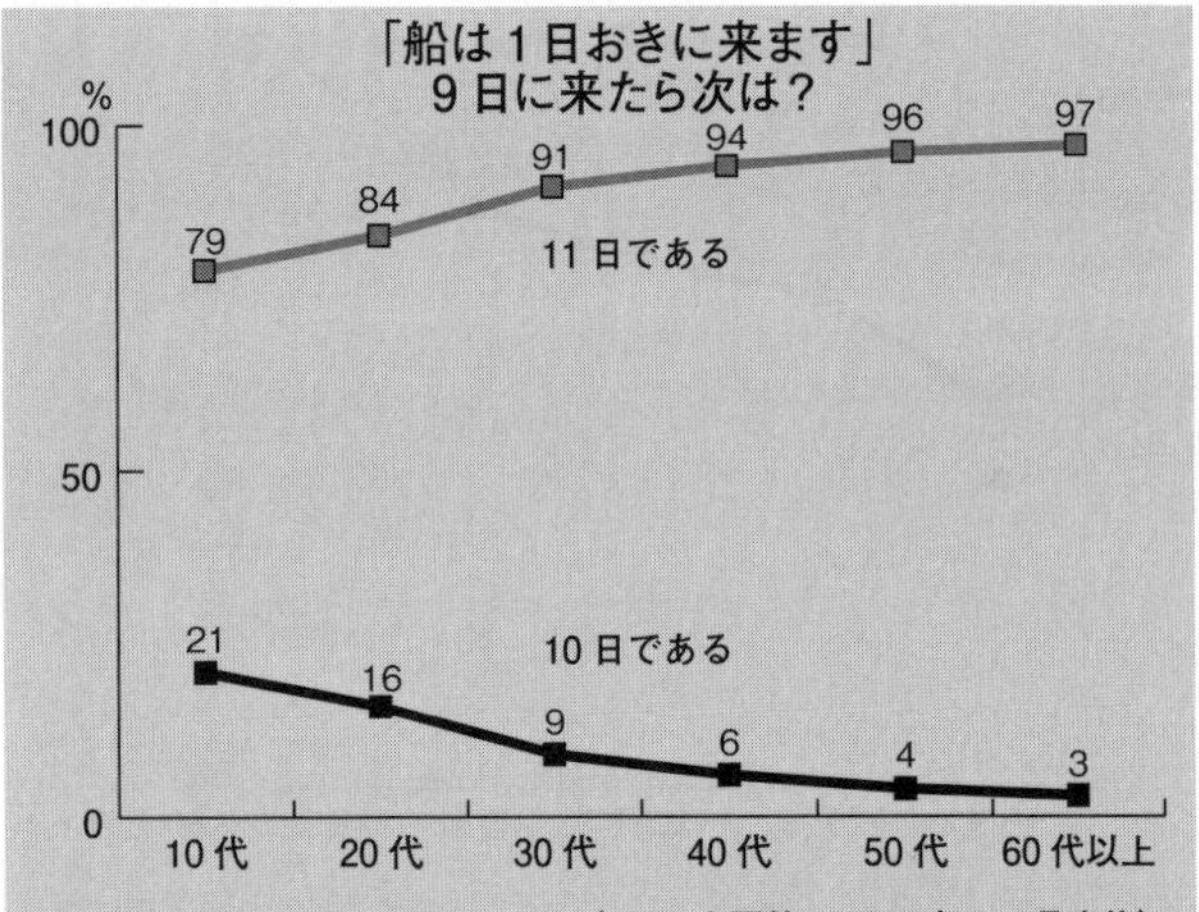

Q11

ある人（○○部長）の会社に電話をしたところ、「○○部長は20日まで会社に出てまいりません」と言われました。あなたはどのように判断しますか。

Ⓐ○○部長が会社に出てくるのは、20日である
Ⓑ○○部長が会社に出てくるのは、21日である

日本語として単純な文ですが、人によって解釈が異なります。全体でいちばん多かったのは「20日まで休んで、21日に出てくる」という答えでしたが、「19日まで休んで、20日に出てくる」というものも、決して少数派とは言えません。

どうしてこのような解釈の違いが出てくるのでしょうか。この場合で言うと、「20日」というものをどうとらえるか、ということから考えることができそうです。

まず一つの方法として、「20日」というものは「19日が終わった直後（＝20日の午前0時0分）に始まるもの」と考えることができます。この場合、「20日まで出てきません」という文は「20日になるまで出てきません」という内容を指すことにつながり、結果的に「20日から出てくる」という解釈になるのではないでしょうか。これは、日にちのとらえ方にあたって「その日になったこと」に着目する方法による解釈です。

いっぽう、「20日」というものを、「20日の23時59分59秒まで終わらないもの」と考えることもできます。この場合、「20日まで出てこない」というのは「21日から出てくる」という意味になろうかと思います。これは、日にちのとらえ方として「その日全体（始めから終わりまで）」に着目する方法による解釈です。

また、聞き手のいちばん知りたいことは何なのかということによっても、解釈が変わってきます。「20日まで出てこない」という文に対して、「いつまで休むのか」というところに焦点・関心が置かれると「20日まで休み、21日に出てくる」という解釈になりやすく、「いつから出てくるのか」に焦点・関心が置かれると「20日には出てくる」というふうに考えられやすくなるのではないでしょうか。

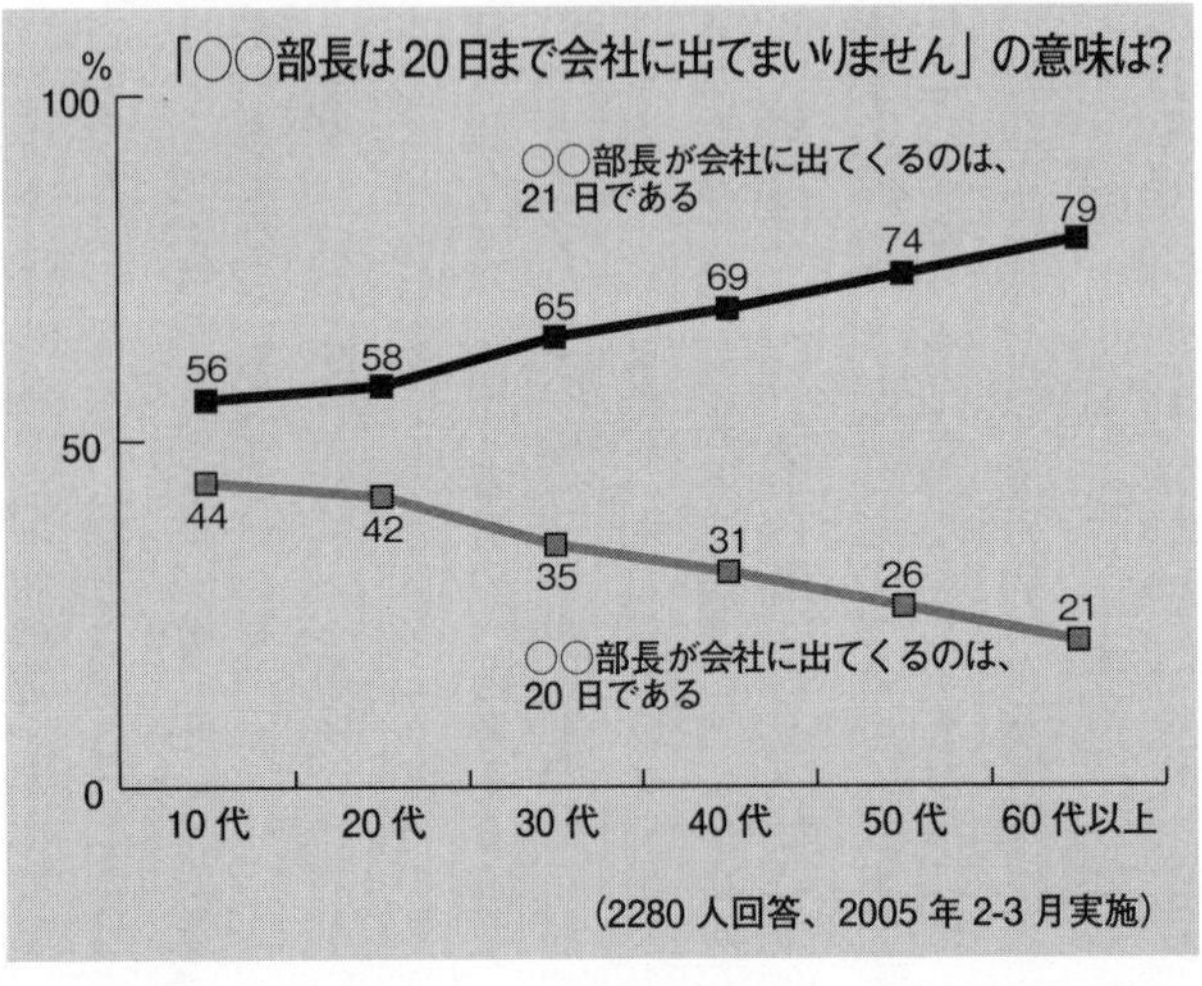

このように、解釈の可能性が複数ある場合、文法の問題からはやや離れて、「一般的に期待される知識」というものが解釈を左右する場合もあります。たとえば、「月曜日まで出てきません」と言われた場合には、「月曜日には出てくる」と考える人が多いのではないでしょうか。これは、「仕事が始まる日は、常識的に月曜日であることが多い」という一般知識に後押しされた解釈なのだと思います。「来年まで出てきません」はどうでしょうか。「まさか、今年はおろか来年まる1年も休むはずはないだろう」という常識的な推測から、「来年には出てくる」と考えるのが普通なのではないでしょうか。ただし、長期の海外研修でもあれば別ですが。

今回の調査結果を年代別に見てみると、若い年代になるほど「20日には出てくる」という答えの割合が増えて、解釈の混同する可能性が高まっています。「いつまで休むのか」ということよりも、「いつ出てくるのか」ということを知らせる重要性が高まっているのかもしれません。

少なくとも行き違いを避けるためには、「20日まで休みをとっております」「次に出社するのは21日です」などといったように、否定文ではなく肯定文で言い表すのが適切かもしれません。

いっぽう、次のQ12の設問では、解釈がゆれる割合も比較的低く、また年代差もほとんど見られませんでした。

【Ⓐ 37%、Ⓑ 63%】

Q 12

次の表現について、どのように判断しますか。

「この地域では、今月7日から雨が降っていません」

Ⓐ雨が最後に降ったのは、6日である

Ⓑ雨が最後に降ったのは、7日である

この文はさきほどのQ11のものと同じ構造なのですが、なぜこちらはあまり解釈のゆれが生じないのでしょうか。

試しに、この「7日から雨が降っていません」と、「20日まで雨が降りません」という文を取り上げてみましょう。

日本人が「日にち」を解釈するときに、さきほどお話ししたように①「その日になったこと」に着目するやり方と、②「その日全体（始めから終わりまで）」に着目する方法とがあるようです。

「7日から雨が降っていません」では、①だと「7日の午前0時から降っていない」ということになり、②だと「7日の24時間を含む時期から降っていない」ということになります。

この場合、どちらのとらえ方によっても、意味するところは結局同じことになります。

いっぽう、「20日まで雨が降りません」では、①では「20日午前0時まで降らない」（＝それ以降は降る）、②では「20日の24時間を含む時期まで降らない」（＝降り始めるのは21日から）ということになります。

この文では、解釈の可能性が複数あらわ

れてくるのです。

【Ⓐ87%、Ⓑ13%】

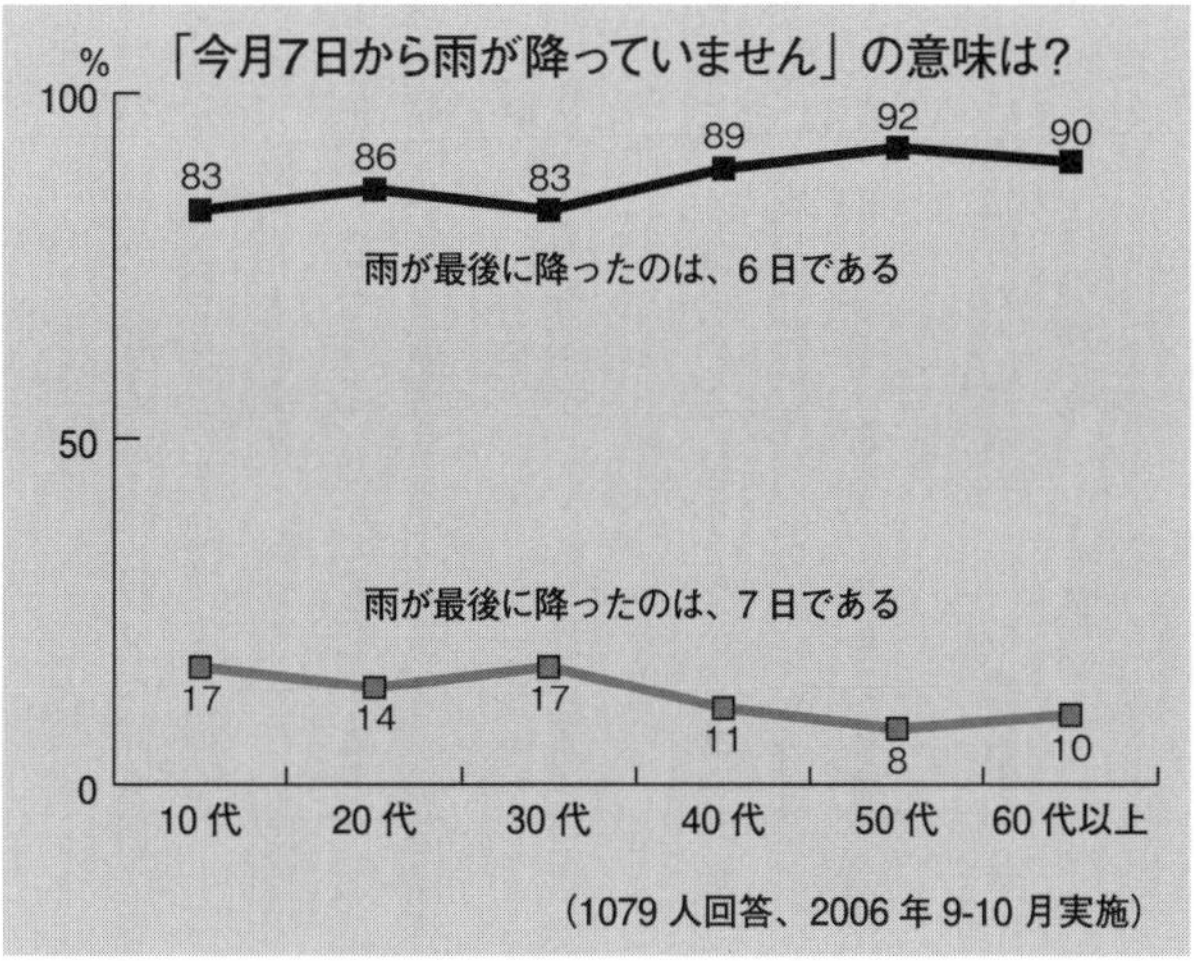

「今月7日から雨が降っていません」の意味は?
%
100
50
0
83
86
83
89
92
90
雨が最後に降ったのは、6日である
雨が最後に降ったのは、7日である
17
14
17
11
8
10
10代
20代
30代
40代
50代
60代以上
(1079人回答、2006年9-10月実施)

●放送文化研究所、および執筆者紹介

　NHK放送文化研究所は、略称で「文研」と呼ばれ、放送文化の向上に役立つ調査研究をおこなっている、世界でも数少ない放送に関する総合的な調査研究機関です。昭和二十一（一九四六）年に「放送事業の進歩発展を期するため、放送および事業の経営ならびに聴取者についての科学的調査研究をおこない、世界文化の向上に寄与する」ことを目的として設立されました。放送番組や国内外の放送事情、放送用語や表現を研究するグループ、世論調査をおこなうグループなどがあります。

　ところで「NHKの放送で使うことば」を審議・検討する機関として「NHK放送用語委員会」があります。ラジオ時代の昭和九（一九三四）年に発足し、平成十九年度に一三〇〇回の開催を数えました。「わかりやすく伝える」ために、有識者のご意見を伺いながら、放送で使うことばの発音、アクセント、表記、ことばの使い分けなどの指針を決めています。

　この用語委員会の事務局として、ことばについて日常的に調査・研究しているのが、放送文化研究所「放送用語班」です。

　この本を執筆したのは日本語プロジェクトで、放送用語班の、坂本充《さかもとみつる》、小板橋靖夫《こいたばしやすお》、塩田雄大《しおだたけひろ》、山下洋子《やましたようこ》、田中浩史《たなかひろふみ》、柴田実《しばたみのる》、それにスタッフの本多葵《ほんだあおい》が担当しました。

《参考文献》

ことばのハンドブック第二版（ＮＨＫ放送文化研究所）
つかいこなせば豊かな日本語（ＮＨＫ放送文化研究所）
気象・災害ハンドブック（ＮＨＫ放送文化研究所）
新用字用語辞典第三版（ＮＨＫ放送文化研究所）
日本国語大辞典　第二版（小学館）
大辞林　第三版（三省堂）
広辞苑　第五版（岩波書店）
岩波国語辞典　第六版（岩波書店）
新明解国語辞典　第六版（三省堂）
三省堂国語辞典　第五版（三省堂）
角川必携国語辞典（角川書店）
旺文社国語辞典　改訂新版（旺文社）
新選国語辞典　第八版（小学館）
学研　現代新国語辞典　改訂新版（学習研究社）
改訂　新潮国語辞典―現代語・古語―（新潮社）
明鏡国語辞典（大修館書店）
大漢和辞典（大修館書店）
字統　普及版（平凡社）
大漢語林（大修館）
漢検　漢字辞典（財団法人日本漢字能力検定協会）
新明解漢和辞典　第三版（三省堂）
古語大辞典（小学館）
岩波　古語辞典　補訂版（岩波書店）
全訳古語例解辞典（小学館）
実用　ことわざ　慣用句辞典（三省堂）
成語林（旺文社）
故事俗信　ことわざ大辞典（小学館）
故事名言・由来・ことわざ総解説（自由国民社）
故事ことわざの辞典（小学館）
成語大辞苑（主婦と生活社）
図説　俳句大歳時記（角川書店）
常用版　日本大歳時記（講談社）
日本語使いさばき辞典（アストロ教育システム）
間違い漢字・勘違いことば診断辞典（創拓社）
使い方の分かる　類語例辞典（小学館）
表現類語辞典（東京堂出版）
日本語文法ハンドブック（スリーエーネットワーク）
現代語の助詞・助動詞―用法と実例―（国立国語研究所）
日本語文法がわかる事典（東京堂出版）
コンサイスカタカナ語辞典第三版（三省堂）
小学館ランダムハウス英和大辞典（小学館）
外来語辞典（角川書店）
外来語の語源（角川書店）
宛字外来語辞典（柏書房）
暮らしのことば　語源辞典（講談社）
世界大百科事典（平凡社）
日本古典文学大系八　古今和歌集（岩波書店）
日本古典文学大系三十　方丈記・徒然草（岩波書店）
現代日本文学全集二　尾崎紅葉集ほか（筑摩書房）
現代日本文学大系三十五　有島武郎集（筑摩書房）

など（順不同）

イラスト　長田優子
校正　鶴田万里子
ＤＴＰデザイン　佐藤裕久

NHK放送文化研究所

放送文化の向上に役立つ調査研究をおこなっている。

昭和二十一（一九四六）年に設立され、放送局が運営する世界でも数少ない総合的な放送研究機関。

放送番組や世界の放送事情に関する研究、放送用語の調査・研究、個人視聴率の調査・世論調査などに取り組んでいる。

研究・調査の成果は、刊行物やインターネット、シンポジウムなどで公表している。

生活人新書 233

国語力トレーニング400問

二〇〇七（平成十九）年十月十日　第一刷発行

著　者　NHK放送文化研究所 日本語プロジェクト

©2007 NHK Broadcasting Culture Research Institute

発行者　大橋晴夫

発行所　日本放送出版協会

〒一五〇―八〇八一　東京都渋谷区宇田川町四一―一

電　話　（〇三）三七八〇―三三二八（編集）

（〇五七〇）〇〇〇―三二一（販売）

http://www.nhk-book.co.jp

振　替　〇〇一一〇―一―四九七〇一

装　幀　山崎信成

印　刷　太平印刷社・近代美術　製　本　三森製本所

R〈日本複写権センター委託出版物〉

本書の無断複写（コピー）は、著作権法上の例外を除き、著作権侵害となります。

落丁・乱丁本はお取り替えいたします。

定価はカバーに表示してあります。

Printed in Japan

ISBN978-4-14-088233-7 C0281

□さらりと、深く。——生活人新書　好評発売中！

067 国語力アップ400問
●ＮＨＫ放送文化研究所日本語プロジェクト
知っていそうで意外にあいまいな国語の知識。国語常識問題や漢字問題で老若男女の国語力を確実にアップさせてくれる楽しい問題集。

105 国語力もっとアップ400問
●ＮＨＫ放送文化研究所日本語プロジェクト
大好評シリーズ第２弾。さらに趣向を凝らした問題で、引き続いて挑戦の方はもちろん、初めての方も〝もっとアップ〟間違いなし！

233 国語力トレーニング400問
●ＮＨＫ放送文化研究所日本語プロジェクト
知ってるつもりで意外に知らない国語の常識。楽しく解けて〝目からウロコ〟の日本語クイズ４００問。大好評「国語力」シリーズ第３弾。

231 110歳まで生きられる！脳と心で楽しむ食生活
●家森幸男
食と長寿には密接な関係がある。世界各地を行脚した「冒険」病理学者が、その調査データをもとに、長生きできる食生活を伝授する。

232 スポーツニュースは恐い 刷り込まれる〈日本人〉
●森田浩之
私たちはスポーツニュースにある特定のイデオロギーを刷り込まれている！そのメカニズムと手法をスリリングに解き明かす本。

234 コンサバ投資じゃダメですか？ 賢い大人の株入門
●大竹のり子
焦らない。ガツガツしない。「自然体の投資」で賢くリターンを狙う。人生経験豊かな大人だからこそできる株式投資術を指南する。